妙好人《みょうこうにん》とシュタイナー

塚田幸三
Tsukada Kozo

大法輪閣

妙好人《みょうこうにん》とシュタイナー

目次

目次

（装幀／山本太郎）

まえがき

妙好人《みょうこうにん》は現代の私たちの希望であり、ルドルフ・シュタイナー（一八六一～一九二五）の思想は私たちに生き抜く勇気を与える希望の神学だと思われます。

妙好人が現代の希望であるということは、現代における救いの可能性を示しているということです。救いとは永遠の生命に出会うという意味です。

シュタイナーの思想が希望の神学であるということは、私たちがどのような運命に出会おうとも希望を失うことのない道を示しているということです。

ただし、その場合の希望とは自分のことだけを考えがちな通常の私たちが抱く希望ではありません。そもそものような自己中心的なあり方を打ち破らなければ、ほんとうの救いも希望も認識できない、というのが妙好人やシュタイナーの教えです。

＊＊＊

さまざまな運命に耐え、それを乗り越えようとしているのはいったい誰なのか、そう私たちは両者から問いかけられています。

通常の利己的な自分に救いや希望があるのではないのと同じように、運命を克服しようとしているのは普段の自分ではない、というのがその答えです。運命に出会っているのは本来の自己であり、救いも希望もその本来の自己にあるのであって、この利己的な自分にあるのではない、というのです。

＊＊＊

本来の自己に向かう道は決して新しい道ではありません。それどころか近代の科学が否定してきた古い道です。しかし、その古い道がいま改めて現代にふさわしい新しい形で求められているのだと思われます。

これは修行の道です。それによって得られる認識は、近代の科学的認識に対して行的認識と呼ぶことができます。しかし、現代の行的認識は科学的認識を否定するのではなく、かえってそれと融合することが求められているものと思われます。

新しい形の行的認識が求められているということには二つの側面があります。一つは新しい形の行が求められているということであり、もう一つは新しい形の認識が求められているということです。

行については、妙好人は一つの生きた見本ですし、シュタイナーは西洋で秘儀とされてきた伝統的行法を公開しました。現代の行法として大事なのは、誰でもまたひとりでも日常生活を営みながら取り組むことができることだと思われます。

認識の面については、行的な認識とは、科学的な感覚的認識に対して超感覚的認識あるいは霊（性）的認識とでも呼ぶべきものですが、それが今日の科学の時代にふさわしいものであるということは、たとえ体験的に直接知ることはできなくても、合理的に理解することはできる、そのような形で示される必要があるということです。

＊＊＊

シュタイナーは現代にふさわしい輪廻転生の思想を説くことを使命と考えていました。それは一刻も早く離脱すべきもの、あるいは否定すべきものとしての輪廻転生ではなく、人間として成長するために通らなくてはならない修行の道としての輪廻転生です。それはまた縁ある人たちがいくつもの人生を互いに助け合いながら運命を乗り越えて進むべき道です。

その場合、輪廻転生するのは通常の私たちの利己的な自己ではありません。本来の自己です。輪廻転生も修行も、それは本来の自己にかかわることです。

＊＊＊

鎌倉新仏教の核心もまた行的認識の新しさにあり、その一つの現れが妙好人だと思われます。その悟りが深いだけでなく、その数が多いことも、妙好人に関して注目すべき重要な事実だと思われます。つまり、それは時代にふさわしい行的認識のあり方を示している証拠だと考えられます。

妙好人が主として真宗に見られるということは、法然の仏教と親鸞の仏教との間に何か決定的な違いがあることを示しています。法然は在家仏教を打ち立てました。これは仏教史上画期的な行法の改革です。それによって行が一般庶民に開放されました。しかしそれでもなお妙好人の本格的な出現は見られません。

浄土宗と真宗の行の違いはどこにあるのでしょうか。南無阿弥陀仏と口に称える点ではどちらも同じです。両者の決定的な違いは、内面のあり方、意識の状態にあるものと思われます。

それはいまここにいる自己に対する意識の違いです。あるいは、いまここにいる自己を肯定するか否かです。いまのこの自己を否定してあるいは臨終を待って浄土に往生するのではなく、いまここで往生しようとする点に、真宗における根本的な行の転換があるものと思われます。

いまここで往生するということは行的認識を獲得するということです。それが信心獲得の意味であり、臨終業成《りんじゅうごうじょう》に対する平生《へいぜい》業成の立場の核心だと思われます。

* * *

シュタイナーが西洋の秘儀を公開したのは二〇世紀に入ってからです。秘儀を公開したということは行的認識（超感覚的認識・霊的認識）を獲得する方法を誰の手にも届くものにしたということです。シュタイナーによればそれは時代の要請です。

それに対して、江戸時代の天保一三年（一八四二）にはすでに『妙好人伝』が出版されています。

日本では一般庶民が行的認識を獲得する道が西洋よりも早くから開かれていたことを示すものと言えるでしょう。

したがって、シュタイナーが説いた行的認識は、西洋の人々よりもかえって日本人のほうが受け容れ易いという可能性があります。

一方、妙好人の行的認識は一般に近代の科学的立場を意識したものではありません。したがって、科学的世界観の中で育った現代の私たちが、妙好人の語ることをシュタイナーが説く超感覚的世界の認識を介して深く理解したとしても不思議ではないでしょう。

＊＊＊

行的認識が成り立つということは、外部から新たな認識を獲得するというのではなく、すでに自分とともにあった認識内容に改めて気づく、目覚めるということです。つまり、人は誰でも本来その世界の中にいるから、目覚めることができるということです。

シュタイナーは「真理内容も高次の生命もすべての人間の魂に内在しているから、各人はそれを自分で見出すことができるし、見出さねばならない」（『いかにして超感覚的世界の認識を獲得するか』（ちくま学芸文庫）一三七頁、強調は原著者）と述べています。

真理や高次の生命を見出すために必要とされるのが行です。行は人間に独特のものです。その意味で、行は人間が人間になるための務めです。また、人間は行に喜びを見出す存在です。

「成功への愛ではなく、努力への愛だけが進歩を促す」（同、一三六頁）とシュタイナーは述べています。「愛」は「楽しみ」や「喜び」と言い換えたほうが日本人には実感が湧くかもしれません。行の喜びは、植物が根を張り、芽を出し、花を咲かせ、実を結び、鳥が空を飛び、動物が野山を駆ける喜びに通じるものがあるのではないでしょうか。

「《修行者は》自分の行動に外的な結果が現れるのを期待するのではなく、行為すること自体に喜びと満足を見出すようになるであろう。修行者は自分の行動が、否、自分の全存在が世界のために捧げられていることを学ぶであろう」「自分の存在は全宇宙からの贈り物である」（同、一三二頁）というシュタイナーの言葉は、妙好人にそっくり当てはまるのではないでしょうか。

シュタイナーは「成功する、しないは、欲望から行動するときにしか、意味を持たない。そして欲望から為された一切の行動は、高次の世界にとって価値を持たない」（同、一三二頁）という言い方もしています。行とはそもそも成功するとかしないとか、あるいは悟ったとか悟らないとか、互いに比較するようなものではないというのです。

宇宙からの贈り物であり、宇宙に捧げられているものとしての人間が行に喜びを感じるということは、それが宇宙全体の喜びでもあるからです。「生きることは自分自身の霊的完成のために努力することである。人間がこの努力を続けるとき、その行為はすでに宇宙全体のために役立っている」「修行にとっては、まさに今の環境の中で、可能な限り肉体と魂の健康のために努力することが大切なのである。どんな仕事も人類全体のためにそれを役立たせることができる」（同、一七七・一二六頁）とシュタイナーは述べています。

＊　＊　＊

私の理解は浅薄なもので、本書もまた未熟なものにすぎません。しかしそれでもなお、縁あって読んでくださる方々の少しでも力になることを心から願うものです。

なお、引用文については、筆者による挿入は《　》で示し、適宜、漢字には振り仮名を付けたり略したり、旧字体は新字体に、歴史的仮名遣いは現代仮名遣いにしたり、西暦年号などの数字表記は全体の統一を優先して変更したり、改行は略したり位置を変えたり等させていただきました。また、敬称は基本的に略させていただきました。あらかじめご了承とご寛恕を乞う次第です。

序章　妙好人の重要性

妙好人《みょうこうにん》というのは浄土系の仏教のなかでも特に浄土真宗にみられる深い信心を得た篤信者のことですが、その著しい特徴は多くが読み書きもままならないような一般の在家信者だということです。(1)

妙好人の重要性にいち早く気づき、それを世に広く知らしめたのは禅の大家・鈴木《すずき》大拙《だいせつ》ですが、大拙は二つのことに驚いたのだと思います。一つは妙好人の悟りの深さ、もう一つはその数の多さです。「妙好人という人は中々多いのである。驚くべきほど多いといってもよいではないかとさえ思う」「他力宗の生命は実にいかめしい学匠達や堂堂たる建築の中に在るのではなくして、実は市井の人、無学文盲ともいわれ得る…人達の中に在ることを知った」と述べています。(2)

妙好人の悟りの深さとその数の多さという二つのことはいったい何を意味しているのでしょうか。それは現代における妙好人の重要性です。大拙が妙好人に注目したのも、それが現代人の生き方に対する根本的な問題を提起しているからに違いありません。

本書では主として大拙の研究に拠りながら、浅原《あさはら》才市《さいち》の手記を中心に考察を進めることにします。

1　浄土真宗と妙好人

妙好人が主に親鸞の真宗の信者のなかに見られるということは何を意味しているのでしょうか。

この点に関して、吉本隆明は重要な指摘をしています。(3) 法然と親鸞の思想上の相違は「知（御《お》計《はからい》）」をどう処理するかの一点にかかっていたというのです。

そのことを明瞭に示す根拠として吉本が挙げているのが法然の「七箇条制誡」です。吉本の要約に従えば、それは次のようなものです。一、ひとつも主旨を解読せずに、真言や天台止観を（真言宗や天台宗の宗義を）破り、ほかの仏や菩薩を誹謗することをやめること。一、無智の身で、有智の人に抗《あらが》い、別宗派のものたちにあい諍論《じょうろん》することをやめること。一、別理解、別宗をおこなう人に対して、愚痴偏執の心でこれを嫌い嘲笑することをやめること。一、念仏門には戒律なしと称して、婬・酒・食肉をすすめ、弥陀の本願を専ら信じるものは悪をおかすのを恐れてはならないなどと説くことをやめること。一、是非もわきまえぬ痴人が、勝手に私説をたて、諍論をくわだて、智者にあなどりをうけ、愚人を惑わすようなことをやめること。一、痴鈍の身をもって、勝手な説を説いて僧俗を教化することをやめること。一、勝手に仏教ではない邪法を正法のごとく云い、偽って師の説なりと称することをやめること。

吉本がいう「知（御《おん》計《はからい》）」には二つの側面があると思われます。一つは知識の側面です。吉本が「〈知〉の往相（上昇過程）」と述べているのがこれです。この点については「七箇条制誡」を見ると明らかです。吉本が指摘しているように、有智の師と無智の門弟という構図が見てとれます。

もう一つの側面は各門弟の自主性です。親鸞の法然との違いを示す言葉として吉本が指摘している「面々の御はからひなり」(『歎異抄』第二条)や「弟子一人《いちにん》ももたず候ふ」(同、第六条)はこの点にかかわっています。[4] このような親鸞の立場を最も端的に示す言葉は「親鸞一人がため」(同、後序)だと考えられます。

「知(御計《おんはからい》)」の第一の側面は無分別智ではなく、分別智にかかわるもので、それが吉本の「〈知〉の往相(上昇過程)」の意味だと思われます。つまり、この点に関する法然と親鸞の立場の違いは分別智を徹底的に放棄しているか否かにあると考えられます。

このことと第二の側面は連動しています。「面々の御はからひなり」や「弟子一人ももたず候ふ」は分別智の放棄において初めて成り立つ言葉です。しかし、それでもなお先達としての師と後進としての弟子という関係は成り立ちます。それが親鸞の立場であり、吉本が述べているような親鸞は法然と違って「制誡」する(いましめる)ことはしないという点はまた別の問題かと思われます。

以上のような法然と親鸞との違いを見ますと、なぜ妙好人が法然の浄土宗ではなく親鸞の真宗に見られるのか、その理由が見えてきます。つまり、分別智の徹底的な放棄と信者の徹底的な自主性、それが妙好人輩出の鍵だと思われます。

なお、法然が最晩年に残した『一枚《いちまい》起《き》請文《しょうもん》』には「ただ往生極楽のためには南無阿弥陀仏と申して、疑《うたがい》なく往生するぞと思ひとりて申すほかには別の子細候はず。……たとひ一代の法をよくよく学すとも、一文不知の愚鈍の身になして、尼入道の無智のともがらにおなじくして、智

者のふるまひをせずして、ただ一向に念仏すべし」という有名な一文があります。(5)

大拙は「日本的霊性の人格的開顕という点から見ると、法然上人と親鸞聖人とを分けない方が合理的」であり、「法然と親鸞とを一人格にして見てよい」、「日本的霊性的自覚の最初の表現が、即ち法然上人の『一枚起請文』にほかならぬのである」と述べています。(6) さらには、浅原才市についても「ここに日本的霊性的直覚が、純粋の形で顕われているような気がして……その歌をいくらか紹介する。これを広く浄土系思想の体験としておいて、別に浄土宗のとも真宗のとも言わない方がよいと思う」と述べています。(7)

しかしながら、親鸞の登場は法然の立場になお不徹底な点が残っていたことを端的に示すもので、「たとひ一代の法をよくよく学すとも」云々という表現にも、親鸞にはない知へのこだわりが感じられるような気がします。

大拙は『一枚起請文』の主旨を如実に実践して大工になった禅勝房という僧侶のことにも触れていますが、「智者は智者、愚者は愚者で、そのままに救われる」といった法然の教えにはやはり不徹底なものが感じられます。(8)

法然と親鸞の違いは、シュタイナーが述べている、旧来の宗教と新しい宗教との違いに相当する面があり、シュタイナーの新しい宗教の立場とは「親鸞一人がため」の「一人」の立場と言うことができると思われます。

2　妙好人とシュタイナー

妙好人が深い信心あるいは悟りを得た人であるということは、一般の私たちにはその言行を十分に理解することは難しいということですが、一般の私たちの理解と妙好人が得たような深い認識との間に、現代にふさわしい橋を渡そうというのがシュタイナーの立場です。

シュタイナーは『いかにして超感覚的世界の認識を獲得するか』の「第三版のまえがき」で次のように述べています。「霊学研究の諸成果に関心を寄せる人々の中には、そのような人生の高次の謎を口にする者が一体どこからその知識を得たのか、という点に疑問をもたざるをえない人もいるであろう。本書はまず第一にそのような人のために役立ちたいと望んでいる。霊学は人生の高次の謎の本質に深く係わろうとする。この霊学からの発言の根底にある諸事実を吟味しようとする人は自力で超感覚的な認識を獲得しなければならない。本書はそのための道を記述しようとしている。」（傍点は引用者）

シュタイナーのいう霊学あるいは精神科学とは、近代の自然科学の立場を考慮に入れた上で、日常的また科学的な感覚的世界を超えた超感覚的世界の認識を得ようとするものですが、その超感覚的世界とは大拙のいう霊性の世界、つまり一般に宗教が対象とする世界と言ってよいでしょう。

感覚的世界の認識（科学的認識）と超感覚的世界の認識（霊性的認識）との根本的な違いは、前者が対象的認識であるのに対して後者は行的認識である点にあります。対象的認識とは認識主体の外部と内部を区別した上での外部に対する認識です。それに対して行的認識とは内外の区別のない認識です。[9] 両者は分別智と無分別智に当たるものと考えられます。

シュタイナーの立場には二つの大きな特徴があります。一つは宗教を総合的、統一的に捉えていることです。歴史上さまざまな宗教が誕生しましたが、それらは全体として人類共通の目標に向かっているという考え方です。そのような立場における現代の宗教的課題は感覚的認識から超感覚的認識への移行ないし飛躍をいかに達成するかです。

もう一つの特徴は、その移行ないし飛躍を達成するに当たって、伝統的な方法とは異なる新たな方法が求められているとして、その新たな方法を広く提供しようとする姿勢です。それが、「自力で超感覚的な認識を獲得しなければならない。本書はそのための道を記述しようとしている」という言葉の含意です。

「自力」でということは「直接」ということです。シュタイナーは「現在の霊的諸条件から見れば、霊的修行者にとって師の人格との関係よりも、客観的な霊界との直接的な関係の方がはるかに大切である……。霊的な修行においても、今後ますます師は、近代人の意識にふさわしく、他の学問分野における教師の在り方と同じような、単なる助言者としての地位に留まるようになるであろう」[10] とも述べています。

一方、親鸞は「弟子一人ももたず候ふ」と言い、禅では「殺仏殺祖《せつぶつせっそ》」ということが言われます。そのような親鸞や禅の立場とシュタイナーの「自力」の立場に違いはないと思われます。シュタイナーのいう「自力」は他力に対する自力ではありません。それは「親鸞一人がためなりけり」の「一人」に通じており、親鸞の立場、禅の立場、シュタイナーの立場はいずれも「一人」の立場ということができるものと思われます。妙好人の立場も、浄土真宗の伝統に育まれたものとして、同じく「一人」の立場のはずです。

そのようなシュタイナーの「一人」の立場を遡ると、今日にふさわしい秘儀参入の特徴をもつものとしての薔薇十字団の精神に至ります。薔薇十字団は一四世紀に発足した秘教運動ですが、シュタイナーが問題にしたのは薔薇十字精神の本質をなす一三世紀に出現した新たな精神のあり方です。[11]それを代表する人物の一人がマイスター・エックハルト（一二六〇頃～一三二七頃）であり、[12]エックハルトの思想と大乗仏教、特に禅の思想との親近性については大拙も注意を促したことがあります。[13]

シュタイナーのいう一三世紀に出現した新たな精神のあり方というのは人間の意志の尊重です。従来のキリスト教の秘儀参入においては人間の意志は抑圧され、奴隷化されていたのに対して、薔薇十字の秘儀参入は意志あるいは「意志の中心」に立脚したものだというのです。この意志の立場は上に述べた自力の立場であり、「一人」の立場に当たると考えられます。

日本でも浄土真宗や禅の「一人」の立場は、一般に鎌倉新仏教と呼ばれるように一三世紀に開かれています。「一人」の立場が洋の東西でほぼ同時期に出現したということは非常に興味深いことです。

ただし、シュタイナーの「一人」は、一般の仏教の立場とは異なり、人間の「進化」の立場に立つものです。例えば、現代には現代にふさわしい「輪廻とカルマ」の教えが新たに導入されなければならない、というのがシュタイナーの認識です。

また、前述のように、シュタイナーの「一人」の立場は特定の宗教に立脚せず、その意味においても自力で、超感覚的認識を獲得しようとするものです。(14) ここにもまたシュタイナーの進化の立場の新しさ、今日性があると言えます。

本書の立場も特定の宗教に立脚しない「一人」の立場と言うことができます。本書ではそのような立場に立って妙好人から現代人としての生き方を学びたいと思います。

3　時代性

シュタイナーの思想は単に妙好人の教えの理解に役立つというだけでなく、妙好人が現れたということの時代性ないし歴史的意味を考える上でも役立つと思われます。つまり、現代という歴史的時代を生きる私たちにとっての重要性という点からも、妙好人の理解に新たな光を当ててくれるように思われます。

シュタイナーは日本ではシュタイナー教育で有名ですが、シュタイナーの活動は教育分野に限りません。そのほかにも、宗教・哲学、医療、農業、建築、芸術、社会・経済といったさまざまな分野で、現在に至る新たな潮流を創始しています。注目すべきはその活動が思想と実践の両方の領域に亘《わた》っていることで、そのまさしく超人的な活動の基盤をなしているのは統一的な超感覚的世界認識あるいは霊的世界観です。

シュタイナーは一九歳と二一歳のとき二人の重要な霊的世界への導き手に出会っています。ひとりは薬草採集人のフェリックス・コグツキーという庶民の出の素朴な人物で、学校で学ぶようなことについては無知でしたが「秘儀参入者」でした。シュタイナーは初対面のときから深い共感を覚え、現代の文明・科学・見解に触れていない古代の心魂と一緒にいるように、また古代の本能的な知識が伝えられるように感じたようです。(15)

もうひとりはシュタイナーが導師と呼ぶ人物です。実はフェリックスはその導師の代理人だったのですが、その正体はシュタイナーが最後まで沈黙を守ったため未だに明らかになっていません。それは世間に知られず、使命を果たすために庶民的な職業の仮面をつけて生きている、無名であることが彼らの力の前提であるような人物のひとりと見られ、シュタイナーは「近代科学という竜の懐に身を沈める時、初めて、竜に勝てる」と諭されたりもしたということです。(16)

このようなシュタイナーが大きな影響を受けた二人の無名の人物も無名の妙好人も、共にいわば悟りを得た、あるいは高次の世界の認識に達した人たちです。そのような認識はいわゆる文明や科学の進歩とは関係のない別次元の事柄です。

才市は「学問あっても〔極楽に〕まいられん、ばかでも、地獄に落ちられん。この才市が証拠」と詠っています。[17]

シュタイナーも、「生れたときの生活環境や文化環境によって、文字の知識を身につける機会に恵まれない場合があるかも知れない。しかし高次の世界における知識や能力を真剣に求める者にとっては、どのような障害も存在しない」と述べています。[18]

しかし、近代文明や科学の発達の意味については見方が分かれます。大拙は次のように述べています。「妙好人と言われる人達の最も大なる特徴の一は、彼らの比較的文字に乏しいことである。法然上人は、信仰は『一文不知の尼入道』にならぬと得られないというようなことを強調する……。何でも心に蟠《わだかま》りがあると、信仰の入る余地がないのである。これはどの宗教でも同じことで、心に私念があったり、抽象的概念で充《み》たされていたりすると、『他力』は、素通りをする。受け入れ体系が十分に整っていないからだと言われる。……とにかく、学問とか智慧才覚などというがらくたがあると、それは信仰に進むものの障害となることは確かである。妙好人にはそれがないというので、入信の好条件を具えているわけである。[19]」

一方、シュタイナーもまた「今日の外面的な文明の中にひたって生きている人が超感覚的な諸世界を認識できるようになるのは非常に困難」だと述べています。[20] しかしその立場は、「近代科学という竜」の歴史的な意味を認め、その懐に入って、内側からそれを克服しようとするものです。科学や学問を単に否定するのではなく、それを超感覚的認識によって拡充しようとする立場です。

大拙もシュタイナーも、今日の私たちに求められているのは超感覚的な霊的認識である、ということでは一致しています。両者の違いは近代文明の歴史的意味を認めるかどうかです。

本書では、単に「一文不知」になることによってではなく、近代文明の歴史的意味を踏まえた上でそれを克服しようとするシュタイナーの立場に立って、妙好人から何を学ぶべきかを考えてみたいと思います。

4　大拙とシュタイナー

冒頭で述べたように、妙好人の重要性にいち早く気づき、それを世に広く知らしめたのは大拙ですが、「他力教の長所は妙好人を育て上げたところにあると自分は信ずる」[21]、「《才市という》このごとき雄大な思想の持主たるを得たということは、東西の宗教史の中でも、稀有《けう》の出来事であったと考えてよいのである」[22] とまで述べ、妙好人を高く評価しています。

その大拙がスウェーデンボルグの研究や神智学協会の活動に深くかかわったということは注目に値します。[23] シュタイナーの立場は神智学やスウェーデンボルグの世界観と密接な関係にありますから、この点からも大拙の立場と通じ合う点があるはずであり、大拙が高く評価した妙好人とシュタイナーが呼応し合うことに不思議はありません。

また、シュタイナーは神智学から分かれて独自の人智学を興したわけですから、そこには自ずと違いがありますが、神智学よりもシュタイナーの人智学の立場のほうが妙好人の立場に近いように思われます。シュタイナーが述べているところによれば、神智学が「宇宙全体から出発して、外なる感覚的〝物質的な諸現象と宇宙との関連を考察する」のに対して、人智学は「この感覚的〝物質的世界を生きる人間」に着目します。[24] 別の言い方をすれば、神智学は神の立場、人智学は人間ないし自己の立場です。そのことは両者の名称にも表れています。

人智学の自己の立場は、先に見たように、禅や親鸞の立場に通じる「一人」の立場と言うこともできるでしょう。シュタイナーに深く傾倒した作家のミヒャエル・エンデが日本の仏教、とりわけ禅に高い関心を示した理由もその点にあるものと思われます。[25]

本書では、妙好人にシュタイナーの光を当て、大拙が論じていない妙好人の側面に、特にその今日的重要性に目を向けてみたいと思います。

なお、神智学の立場から、シュタイナーの立場に対して西洋の伝統に偏向しているという批判がありますが、[26]これは必ずしも当たらないでしょう。民族や文化の特徴や相違は、宇宙ないし神の立場からは問題にならないとしても、自己ないし人間の立場からは重要な問題です。大拙の東洋的な見方や日本的霊性の立場についても同じことが言えると思われます。[27]

ただし、民族や文化の尊重といわゆる民族主義とは違います。民族主義は一般に遺伝の概念と結び付いていますが、この概念は人類の進歩に敵対するというのがシュタイナーの主張です。[28]唯一重要なのは霊的進歩であって、遺伝に立脚する民族主義は混乱を招くにすぎないというのです。

大拙も次のように述べています。「日本にわたった仏教は、初めは抽象的領域を出なかったが、鎌倉時代になって純粋に日本的となった。……ことにそれが浄土真宗になるに至って、日本的なるものを大いに発揮させた。日本的になったというのは、地理的にまたは政治的にということではない、日本的になって、実に世界性をもつようになったというのである。真宗は、この世界性の故に、日本的霊性的自覚として、他の世界宗教と並存して、人間性の豊富化に役立つのである。その実例の一は、才市妙好人などの上に、目も鮮やかに現われて来るのである。[29]」

大拙の場合は、一般に日本的というときの要素として、地理的側面と政治的側面の二つを挙げ、シュタイナーのいう遺伝的側面には触れていません。両者の間に認識の違いがあるように見えますが、それが民族や文化ではなく根本的に「霊性的自覚」の問題であるという点では一致していると言えるでしょう。

5　親鸞の仏教における妙好人の系統

親鸞の仏教には最初から大きく二つの流れがあったというのが大拙の理解です。[30] 一つは『教行信証』の系統、もう一つは『歎異抄』や「和讃」「消息集」の系統で、妙好人は後者に入ります。その背景には、どの宗教にも、理知的・説明的（哲学的）側面と、体得的（神秘主義的）側面があるという理解があります。前者を科学的・感覚的認識、後者を行的・超感覚的（霊的）認識と呼ぶこともできるでしょう。

また、どちらの流れにもさまざまなものが混じる可能性があるのであり、秘事法門（異安心《いあんじん》の一種で、教義を秘密裏に伝授するところからこう呼ばれ、親鸞の子、善鸞《ぜんらん》が父から秘密の法門を授けられたと偽ったことに端を発するとされる）も『歎異抄』の流れに属すという点は、秘儀を公開したシュタイナーの立場にもかかわる問題です。

他方、吉本隆明は親鸞と一遍を祖とする時宗の系統との違いに着目していますが、[31] これは取りも直さず妙好人と時宗の系統との違いの問題です。時宗は平生《へいぜい》（日常）を臨終と心得て、一切を捨てて称名念仏することを勧め、念仏踊りを特徴とする宗派ですが、才市もまた「いまがりん十（臨終）」と詠っている点では似ているように見えます。

吉本が着目したのは、親鸞の「大経意」和讃が浄土の荘厳で調和的なすがたを描写した『無量寿経』の箇所にまったく関心を示していないのに対して、時宗系の「極楽六時讃」などがまともに浄土のありさまを描写していること、また親鸞の和讃は『無量寿経』の現世の憂苦を描写した箇所にも関心を示していないことです。

この両者の態度の違いは、親鸞にとっては現世の憂苦こそが浄土への積極的な契機であり、それを逃れるところに浄土があるとは考えられていないのに対して、時宗では現世が憂苦であるがゆえに、それを一刻も早く離れて到達すべき荘厳の地が浄土であると考えられている点にある、というのが吉本の理解です。

これは重要な指摘です。「いまがりん十（臨終）」と詠う才市はまた、「しゃば（娑婆）のせかい（世界）わ、ここのこと、ごくらく（極楽）のせかいも、ここのこと」とも詠います。娑婆も極楽も共に今の「ここのこと」なのです。

それは、現世を肯定し、今のここを積極的に生きる立場です。

6　妙好人の現代性

妙好人の現代性がその一文不知の側面にあると言うのではもちろんありません。一文不知を強調するところには、現世を否定しようとする気分が混じりこむ可能性があります。

真宗を代表する妙好人の立場の特徴は、現世を肯定するだけでなく、日常生活を尊重する点にあるものと思われています。求められているのは、日常生活の中での霊性の覚醒です。一文不知は、そのための好条件を形成する一方、日常的歴史的現実の軽視を招く可能性があります。

シュタイナーの思想の今日的重要性はこの点にあるものと考えられます。それが目指しているのは歴史的現実に立脚した私たちの霊性の覚醒です。それは合理的知性や科学的世界観と単に対立するのではなく、それを霊性の領域へと拡充しようとする立場です。

私たちが妙好人から学ぶべきことは、日常生活の中での、一般の知性とは次元の異なる霊性の覚醒の可能性です。それは日常生活がもつ意味や往生（救いと希望）にかかわる問題です。

大拙は現代における妙好人の世界的重要性について次のように述べています。「他力宗がわれらの実際社会生活の上に働き出る形態については、なお大いに考察すべきものがあると、自分は信じる。ことに日本が今日置かれている立場――最早《もはや》閉じ込められた『日本』ではなくて、世界的にその柵を取りはずした世界国民としての立場――から見て、他力宗の今後の活動は如何あるべきか。……今までの他力宗そのままでも、その妙好人を産出する霊性的創造力の偉大さから見て、これを世界的に進出させなければならぬものがあるのである。ことに近代文化なるものが……いうところの物質的側面に停滞して、その下に流れているものを汲み取り得ないこと、ただ今までの歴史観の上に立つことを知るだけで、これから作らるべき文化に関して何等計画的なものを持たぬこと等に対して、他力宗の立場から、世界文化の上に寄与すべきものが少なからぬと信ずる。(32)」

大拙がいう「これから作らるべき文化」とはどのようなものか、それを現実的具体的に考える上でシュタイナーの思想は大いに参考になるものと思われます。[33]

【注】

（1）瓜生津隆真・細川行信編『真宗小事典』（法藏館）の「妙好人」の項には、「真宗で篤信の人をほめていう言葉。阿弥陀仏への信心が確かで、憂い・悩みにとらわれず真に自由に生きる人のことをいう。観無量寿経に念仏者は「人中の分陀利華《ふんだりけ》（白蓮《びゃくれん》）」とあるのを中国唐代の善導（六一三～六八二）が『観経四帖疏』散善義のなかで、念仏者を人中の好人《こうにん》・妙好人・上々人《じょうじょうにん》・希有人《けうにん》・最勝人《さいしょうにん》であると解釈したことから、念仏者を妙好人とよぶようになった。……したがって、阿弥陀仏の本願を信じる者はすべて妙好人とよぶべきであるが、江戸時代中期に世の模範となるべき念仏者の行状を語る『妙好人伝』が刊行されて以来、一般に在家のきわだった篤信者をいうようになった」とある。しかし、浄土真宗の信者に限らず多くの人が妙好人に関心を寄せる大きな理由は、彼らの多くが無学文盲とさえ言い得るような市井の一般信者であることによると思われる。

（2）鈴木大拙『妙好人』（法藏館）「序」、傍点は原著者。

（3）吉本隆明『最後の親鸞』（春秋社）四〇頁以下。

（4）教学伝道研究センター編纂『浄土真宗聖典（註釈版）』（本願寺出版社）に従う。

(5)同前による。
(6)鈴木大拙『日本的霊性』(岩波文庫)一五〇・一八一頁。
(7)同前、二〇九頁。
(8)同前、一八一～二頁。
(9)単純に感覚的世界の認識＝科学的認識とすると誤解を招く恐れがある。なぜならシュタイナーは数学のなかに外なる感覚的世界と内なる霊的世界とが両立ないし一つになる世界を見出しているからである(高橋巖『若きシュタイナーとその時代』(平河出版社)一七頁「内と外とが両立する幾何学世界」)。最晩年に書いた自伝では、ウィーン工科大学で学んでいたころのことを回顧して「幼年期と同様、ふたたび幾何学から私に幸福がやってきた」とも述べている(シュタイナー『シュタイナー自伝(上)』(アルテ)五〇頁)。シュタイナーは感覚的現象の背後にではなく、現象そのものに潜む霊的本質を明らかにすることによって存在を認識しようとしていたのである(同、八三頁)。
(10)シュタイナー『いかにして超感覚的世界の認識を獲得するか』(ちくま学芸文庫)「第五版のまえがき」、強調は原著者。
(11)シュタイナー『イエスからキリストへ』(アルテ)二九頁。
(12)シュタイナー『哲学の謎』(水声社)「中世の世界観」。
(13)鈴木大拙『神秘主義――キリスト教と仏教』(岩波書店)「マイスター・エックハルトと仏教」。

（14）それは何らかの新しい宗教を提示しようとするものではなく、かえってどの宗教とも矛盾せず、それぞれの宗教が伝える叡智や真理あるいは生命の秘密をより深く理解することを目指すものである（シュタイナー『シュタイナー　黙示録的な現代』（西川隆範編訳、風濤社）所収「黙示録へのプロローグ」）。
（15）シュタイナー『シュタイナー　自伝（上）』四七〜八頁、西川隆範による「訳者あとがき」。
（16）シュタイナー『神智学』（ちくま学芸文庫）「付録　一」、西平直『シュタイナー入門』（講談社現代新書）六五頁。
（17）鈴木大拙編著『妙好人浅原才市集』（春秋社）「まえがき」一九・四〇三頁。
（18）シュタイナー『いかにして超感覚的世界の認識を獲得するか』「条件」。
（19）鈴木『妙好人』「二　妙好人」の1、傍点は原著者。
（20）シュタイナー『いかにして超感覚的世界の認識を獲得するか』「条件」。
（21）鈴木『妙好人』二四頁。
（22）同前、六六頁。
（23）例えば吉永進一は「明治以降の仏教人の中で、大拙ほど長きにわたって欧米の霊的思想家と接触を保った人物はいない。最初にスウェーデンボルグ主義者、その後はビアトリス夫人と共に神智学協会、戦後はビート世代の霊的な求道者たち、あるいはエラノス学会を通じて同じような資質の宗教知識人たちとの接触があった」と述べている（吉永進一「大拙とスウェーデンボルグ　その歴史的背景」京都宗教哲学会編『宗教哲学研究』第二二号（二〇〇五）所収）。拙著『「歎異抄」が問いかけるもの』（イザラ書房）九五〜七頁参照。

（24）シュタイナー『人智学・心智学・霊智学』（ちくま学芸文庫）一二三頁。

（25）エンデは禅にずいぶん関心をもってきたと自ら述べ（重松宗育『モモも禅を語る』（筑摩書房）「あとがき」）、しばしば禅に言及している（例えば、子安美知子『エンデと語る』（朝日選書）参照）。

（26）ブラヴァツキー『シークレット・ドクトリンを読む』（東條真人編訳、出帆新社）「編訳者まえがき」。

（27）大拙は『日本的霊性』（岩波文庫版二〇頁）で次のように述べている。「宗教意識の覚醒は霊性の覚醒であり……霊性は、それ故に普遍性をもっていて、どこの民族に限られたというわけのものでないことがわかる。……しかし霊性の目覚めから、それが精神活動の諸事象の上に現われる様式には、各民族に相異するものがある、即ち日本的霊性なるものが話され得るのである。」カトリック（ドミニコ修道会）の司祭で、坐禅にも通じ、宗教の違いを超えて世界各地の宗教家と深い交流をもった押田成人もまた、「神の現われ方が、ヨーロッパと日本で同じはずがない。……人間が《神の》御旨だと思って、それを伝えるのが布教だと思ったらとんでもないですよ」と語っている（押田成人『遠いまなざし』（地湧社）八六頁）。

（28）シュタイナー『秘儀参入の道』（平河出版社）一八二頁。
（29）鈴木『妙好人』五一～二頁。
（30）同前、二六～三一頁。
（31）吉本、前出、六四頁以下。
（32）鈴木『妙好人』三六～七頁。
（33）菊藤明道が指摘しているように、先の終戦前後のわが国未曾有の混乱期に大拙が『宗教経験の事実』（昭和一八年）、『日本的霊性』（昭和一九年）、『妙好人』（昭和二三年）を立て続けに出版し、妙好人を世に紹介したことの意味を軽視してはならないと思われる。大拙は妙好人に「これから作らるべき文化」の可能性を見出していたのであり、国内だけでなく妙好人を世界に向けて紹介するためにも多大な努力を惜しまなかったのである（菊藤明道「妙好人の死生観と願い――その言行から苦悩を超える道を学ぶ」及び「世界に広がる妙好人――妙好人の信心と言行に学ぶ」）。また、「これから作らるべき文化」における妙好人の役割を考えるとき、「妙好人と言うと、学がなくて江戸時代から明治にかけて現れた人だという先入観があります。しかし、石見《いわみ》には、今もなお妙好人さんや妙好的な方々がたくさんおられます。その中には学者や医者もいます」という神英雄の指摘は重要な意味をもつものと思われる（「石見の妙好人」。いずれの論文も林智康・井上善幸・北岑大至編『東アジア思想における死生観と超越』（方丈堂出版）所収）。

第一章　なんともない

浅原才市は一八五〇年（嘉永三）生まれの石見《いわみ》の国（現在の島根県）の人で、一九三二年に八一歳で亡くなっていますが、大拙は『日本的霊性』で次のように紹介しています。「五十歳頃までは船大工であったが、履物屋に転職して死ぬるまで、下駄つくり並びにその仕入れをやった。……才市が仕事のあいまに鉋屑《かんなくず》に書きつけた歌はだいぶんの数に上ったものらしい。法悦三昧《ほうえつざんまい》、念仏三昧の中に仕事をやりつつ、ふと心に浮ぶ感想を不器用に書いたものである。……いわゆる法悦三昧に浸っている人は、ことによるとその仕事を忘れて、お皿を壊したり、お針を停《と》めたりなどして、実用生活に役に立たぬものも往々にある。才市は全然これとその選を異にしていた。仕事そのものが法悦で念仏であった。それでも人間の意識は自覚する、おのずから諷詠《ふうえい》の言葉が口を迸り出でざるを得ない。才市の『歌』にはなんらの彫琢《ちょうたく》、なんらの技巧がない、……蜘蛛の糸を吐くように、三十一文字とも今様とも新体詩ともなんともつかぬ自然の歌が出来あがった。実に不思議な宗教的情操の発露である。」(1)

才市が歌を鉋屑に書きつけたという点については、実際に残されているのは二〇年余りにわたって記された六〇冊以上にもおよぶノートブックですが、(2)いま特に注目したいのは、才市の「自然の歌」についてです。

シュタイナーは「現代文化の中に生きる人は仏陀の言葉に見られる多くの繰り返しを正しく理解できない。しかし修行者にとってこの繰り返しは、自分の内的感覚が好んでその上に憩うことのできる場所になる」(3)と述べています。

蜘蛛が糸を吐くように自然に出来上がった、和歌とも新体詩ともつかない才市の言葉のリズムは、才市が憩うことのできた世界のリズムの表出であり、それは仏陀の言葉とも見事に調和することでしょう。

したがって、才市の言葉を味わうということはそのリズムの秘密に迫ることでもなければなりませんが、ここではその意味だけを取り上げて若干の考察を加える程度に止めざるを得ません。

1　自己を開く

「才市よい、うれしいか、ありがたいか。」

「ありがたいときや、ありがたい。

なつともないときや、なつともない。」

「才市、なつともないときや、どぎあすりや。」

「どがあも、しよをがないよ。

なむあみだぶと、どんぐり、へんぐりしているよ。

今日も来る日も、やーい、やーい。」

まずは才市のこの詩から味わうことにしましょう。[4]「才市よい、うれしいか、ありがたいか」と、もう一人の才市が問いかけます。あるいは、才市は実際にそのように問いかけられたことがあったのかもしれません。才市が深い信心を得ていることはすでに自他ともに認めるところです。それがこの問いの前提になっています。しかし、いずれにしても、いまは自分自身に才市は問いかけます。信心を獲得した心境はどうだ、「うれしいか、ありがたいか。」

信心を獲得してうれしいのは当然です。ありがたくないはずはありません。歓喜を伴わない信心はないでしょう。才市も確かに「ありがたいときや、ありがたい」のです。ただし、このうれしさやありがたさは、「なつともないときや、なつともない」のです。うれしくもありがたくもなんともないときもあるのです。あるいは、うれしいと同時になんともないのです。

シュタイナーは神秘学徒（霊的修行に励む者）について、「彼は自分の自我を世界に向かって開かれたものにしなければならない。そのためにはまず世界に向かって楽しみを求めなければならない。なぜならそれによってのみ、世界は彼の方に近寄ってくるのだから。楽しみに対して鈍感であるなら、周囲から養分を摂取することを忘れた植物に等しくなるであろう。しかし楽しみの下にいつまでも留まり続けようとする態度もまた自己閉鎖的である。……神秘学徒は楽しみをもっぱら、世界のために自己を高貴な存在にしようとする彼の意図の手段と見做すべきである。楽しみは彼にとって、世界についての報告をもたらす斥候《せっこう》である。彼はその報告を受けたあと、楽しみを通して作業へ向かう。彼が学ぶのは、学んだものを自分の知識財産として貯えるためではなく、学んだものを世界の用に役立たせるためである」(5)と述べています。

斥候というのは、戦争で敵の状況などの偵察を任務とする兵隊のことですが、ここでは世界の状況を知るための知覚器官と言い換えることができるでしょう。人は、楽しみを感知する知覚器官あるいはアンテナを通して世界の状況を知り、それによって世界に貢献することができるというのです。しかも、その楽しみを通じてのみ、世界は彼に近づき自らを語ってくれるというのです。なぜなら、楽しみを求めるということは、自らを世界に向かって開くことであり、楽しみに鈍感であるということは周囲の養分に鈍感な植物のようなものだからです。

しかし、その楽しみにいつまでも留まり続けてはいけない、とシュタイナーは警告します。なぜなら、それは自己閉鎖的な態度だからです。自己閉鎖的とは自己中心的、利己的ということです。「世界のために」ではなく、自分のためにという態度です。そのとき、世界はもはや自らを語ろうとはしないというのです。

才市の場合も、うれしさやありがたさに留まろうとしないところ、なんともないところが肝心なのだと思われます。なんともないときにはどうしたらよいか、という問題ではありません。なんともないからこそうれしくもあり、ありがたくもあるのだと思われます。

なんともないが実現するのは「なむあみだぶ」のところです。それは自分に都合のよいことを祈るのではなく、そのような通常の自己中心的な自分がゼロになるところです。

シュタイナーのいう自我を開くということも自分をゼロにするということだと思われます。シュタイナーは人類の進化、人間の進化を説きますが、進化や進歩ということは現在の自己を超えて進むということです。それは自己否定の継続を意味します。その意味で、シュタイナーの進化の思想は自己否定の思想と言うことができるかもしれません。

なお、シュタイナーが、仏陀の教えにおいて人間の本性の第四の部分である個我の本質が失われたと述べたことがあります。[6] しかし、これは親鸞や妙好人の仏教には当てはまらず、シュタイナーのいう個我の本質の日本的覚醒こそ、大拙が注目した鎌倉新仏教に見られる日本的霊性の本質ではないかと思われます。[7]

2　安心のありか

才市はまた次のようにも述べています。

とをりゆ（当流）のあんじん（安心）わ、ゑゑ（好い）のがでても、
それをよろこぶじやない、またわるいのがでても、
それをくやむ（悔む）じやない、

ただあをいで（仰いで）、あたまをさげ（頭を下げ）、とをとむばかり（尊むばかり）。

好いことに出会ってよろこび、悪いことに出会って悔やむ、それが私たちの日常のあり方です。しかし、そのようなところに安心はない、と才市は言います。好いことに出会ってもよろこばず、悪いことに出会っても悔やまず、ただ「なむあみだぶ」と阿弥陀様を仰ぎ、頭を下げ、尊ぶだけ、安心はそこにしかないというのです。

好いも悪いも、私たちはだいたい自分の都合で判断します。好いこととは自分に都合の好いことであり、悪いこととは自分に都合の悪いことです。そして、その自分とは自己中心的、利己的な自分です。自分だけよければそれでよいという自分です。

しかし、そのような利己的な自己が好いことに出会ってよろこんだり、悪いことに出会って悔やんだりするようなところに深い安心があろうはずはない、安心は「なむあみだぶ」と自己を開き阿弥陀様を仰ぎ尊ぶところにしかない、そう才市は深く納得しているのだと思われます。

あるいは、安心を求めるのは利己的な自己であり、安心を求めないところにこそ安心はある、と言えるのかもしれません。

シュタイナーは「不安と焦燥はどんな場合にも悪い影響しか与えない」[8]と述べています。その場合、不安や焦燥を感じるような自己のあり方が問われているのだと思われます。

大拙は「安心は霊性に属するものである」[9]と述べています。不安や焦燥に駆られ安心を求める私たちの通常のあり方は霊性に属すものではありません。

才市も、「みだの本願、なむあみだぶが、できてから、／われ（汝）が案ずんことわない、／きけよ、きけよ、なむあみだぶを、／ききぬれば、われ（汝）が往生これにある。／なむあみだぶわ、われ（汝）がもの」と詠っています。

安心はお前のことではない、それは弥陀の本願にかかわること、南無阿弥陀仏も弥陀のお声、そのお声がお前の安心だというのです。これが大拙のいう霊性に属す世界だと思われます。それはまた霊性に生きる人には悲劇はないということでもあります。[10]

3　良寛の境位

良寛は七一歳のとき（文政一一年、一八二八年）、三条の大地震に遭っていますが、そのとき与板の町年寄だった山田杜皐《とこう》という人物に次のような手紙を書いています。地震の被害状況は三条を中心に、死者一六〇七名、怪我人一四〇〇余名、倒壊家屋一三〇〇〇余、焼失家屋一一七〇、半壊家屋九三〇〇余と甚大なもので、[11]与板町でも、死者三四名、怪我人一一八名、全壊家屋二六四、焼失家屋一八と、壊滅状態でした。[12]

「地しんは信《まこと》に大変《たいへん》に候《そうろう》。野僧草庵《そうあん》は何事なく親るい中死人もなくめで度存《たくぞんじ》候《そうろう》。うちつけにしなばしなずてながらへてかゝるうきめを見るがは（わ）びしさ　しかし災難《さいなん》に逢《あう》時節には災難に逢がよく候《そうろう》。死ぬ時節には死ぬがよく候《そうろう》。是はこれ災難をのがる、妙法《みょうほう》にて候《そうろう》。かしこ。」[13]

「災難に逢《あう》時節には災難に逢がよく候。死ぬ時節には死ぬがよく候」というのは、これだけ読むとずいぶん無神経な冷酷とさえ言える態度のように見えます。しかし決してそうではありません。良寛は「三条の市にいでて」として、「かにかくに止まらぬものは涙なり人の見る目も忍ぶばかりに」とも詠んでいます。水上勉はこの歌について、「『三条の市にいでて』とあるから、島崎村からてくてく歩いて見物に出かけたとみてよい。中心地の被害の大きさがつたわると、じっとしておれなかったのだろう。旧十一月はもう寒い。七十一歳の良寛の地震跡に佇む姿を想像すると……」と書いています。[14]

良寛が生きた時代は悲惨でした。地震のほか、水害、旱魃《かんばつ》、暴風雨、伝染病、火山の噴火など、自然災害が頻発して毎年のように各地で凶作が起こり、そのために餓死者が天下に続出したというだけでなく、悪政のために風俗が退廃して紀綱がゆるみ、賄賂《わいろ》や請託《せいたく》（有力者に特別な計らいをこっそり依頼すること）が横行し、それによって一番苦しんだのが農民たちで、妊娠中絶や間引（口べらしのために親が自ら生児を殺すこと）をしてようやく生き延びるといった状況でした。百姓一揆や米騒動が各地で起こりました。(15)

そのような時代に名主の長男として生れた良寛は世事に苦しみついには出家するわけですが、長い修行の旅を終えて再び故郷に戻り、晩年を迎えても、悲惨な状況は依然として続いていました。三条の地震の際にも良寛は次のような意味の詩を作っています。

「来る日も来る日も、昼も夜も寒くて肌がやぶれるほどであった。空いっぱい黒雲が出て、陽の光もうすく、地面は暴風が吹いて、雪もとび散っていた。このときに大地震が起きたのである。海の波濤は天をけるように荒れ、大きな魚も力なく、陸の家は柱も屋もゆれて鳴り、人はなげきかなしんだ。この四十年間をふりかえると、世の風潮は軽率にすぎた。久しく太平がつづいたので、人心はゆるみ、邪悪な者が徒党を組んで人心の乱れに乗じた。親切だった美風もうすれ、忠節なる篤心も失った。得をとる話だとわずかなことでも言いあらそい、人の道を悟ろうとする者など馬鹿扱いである。自分を傲慢《ごうまん》に、他人を欺瞞《ぎまん》するを世渡り上手と心得、いわば土の上に泥をぬりたくるようなもので、それがいつになってもやむけはいがない。地上どこを歩いてもこのありさま。自分ひとり暗い気分でいるが、だれに訴えようもないかなしみだ。万物みな眼に見えぬ小さなものがつもりつもってだんだん大きくなっているのが原則だ。むしろ、このたびの地震は、遅かったぐらいである。日月星辰の運行はだれにも気づかれぬうちに乱れてしまっている。四季のめぐりも節がなかった。天の戒めだ。どうして他人を恨んだり、天を咎《とが》めたりして女子供のまねごとをしておれようぞ。(16)」

「この里に手まりつきつつ子供らと遊ぶ春日は暮れずともよし」といった歌の背後にもそうした現実に心を痛める良寛がいます。そのような良寛が単に、無神経に、あるいは一人悟りすまして、「災難に逢《あう》時節には災難に逢がよく候。死ぬ時節には死ぬがよく候」と書くはずがありません。

才市だったらどうでしょう。地震に逢っても悔やむじゃない、地震を逃れてもよろこぶじゃない、ただ阿弥陀様を仰いで、頭を下げ、尊ぶばかり、とでも詠ったでしょうか。

シュタイナーもまた、「災害の発生を前もって知っても、事態は何一つ変わらないのです。不安や恐怖を抱くことは無意味なのです(17)」と述べています。

歌人の吉野秀雄は先の良寛の「災難に逢時節には災難に逢がよく候。死ぬる時節には死ぬがよく候。是はこれ災難をのがるる妙法にて候」という手紙の一節を引用したあと、「良寛はこのような自然随順の死生観をもって、眠るがごとく空に帰したことでせう」と述べています。(18)そして、良寛にその生涯最後の庵室を提供した木村家に伝わる記録によれば、良寛の葬儀には、名を連ねた会葬者だけでも二八五人、葬式の行列の先頭が火葬場へとどいているのに最後尾はまだ木村家を出なかったそうです。いかに多くの人びと、それも一般の村人たちが広く、また深く良寛の感化を受けていたかをよく物語っていると思います。また、その墓が島崎の浄土真宗降泉寺の木村家墓地内にあるというのも、良寛らしいと思われます。

吉野はこの箇所の少し前に、良寛が最晩年に病の床についたときの次のような腹下しの歌をいくつか挙げています。(19)

ぬばたまの（枕詞）夜はすがらに糞《くそ》まりあかし　あからひく（枕詞）昼は厠《かわや》に走りあへなくに

言《こと》に出でていへばやすけり（「かり」のあやまり）くだり腹まことその身はいや堪へがたし

実に率直な「自然随順」の境地が覗えます。良寛にはまた次の有名な一句があります。(20)

うらをみせおもてをみせて散るもみぢ

これは良寛の看病をしていた貞心尼が作った次の歌への返しです。

生き死にの堺《さかひ》はなれて住む身にも避《さ》らぬ別れのあるぞかなしき

生死を超えた悟りの世界に住むお方であっても、この世の別れは避けることができない、それがやはり悲しい、というのです。

それに対して良寛は、自らを紅葉に重ね、ひらひらと裏も表も見せながら散る様子を描きます。悟りの姿が良寛の表の面であれば、下痢に苦しむ姿はその裏の面です。

しかし、実は、良寛の世界には裏も表もないのだと思われます。それが良寛の随順する「自然」の世界だと思われます。確かに、通常の私たちの目には相対する面しか映らず、その裏側は見えません。でも、表も裏もそこにおいて成り立つのが「自然」ないし仏の世界であり、生死を超えた良寛の住む世界だったと思われます。

シュタイナーの世界もまた裏も表も無い世界と言うことができるでしょう。例えば、「晴れた日に空を見上げると青い色が見えます。……霊界に参入しようとするなら、青空を眺めながら、青空が完全に透明なものとならなくてはなりません。『境界』となっていた青空が透明になり、見ようとしていたものが青空を貫いて見えるようになるのです」(21)と述べています。

4　尊ぶ

シュタイナーは「どんな批判も、どんな裁きも魂の中の高次の認識力を失わせる。それに反してどんな献身や畏敬もこの力を育てる」と述べています。また、「われわれの文化は……つまりまさに批判の精神によって、その偉大さを獲得してきた。あらゆる機会に批判力を行使し、自分の尺度で判断していかなかったら、人間は現代の科学、産業、交通、法律制度を決して達成できなかったであろう。しかしこのことの結果、われわれは外面的な文明生活において得たもののために、それに相当する犠牲を高次の認識活動や霊的生活において支払わなければならなかった」とも。[22]

シュタイナーが問題にしているのは高次の認識であり、霊的生活であって、私たちの日常の感覚的認識や生活ではありません。現代の私たちの社会は経済活動も法制度もすべて科学的世界観、つまり感覚的認識に基づいています。災難に逢うのも、死ぬのも、すべてが感覚的世界におけるできごとです。

感覚的世界の中で何かを批判するとき、裁くとき、あるいは人を許すにしても許さないにしても、私たちは自分を先立て、自己を閉じています。それに対して、地震が起ころうとも何に逢おうとも「なむあみだぶ」と世界を尊ぶとき、初めて高次の認識が可能になり、霊的生活、つまり人間本来の生活を取り戻すことができるというのです。それは、私たちの感覚的な娑婆世界における、ありがたいことも、ありがたくないことも、好いことも、悪いことも、すべてなんともない世界です。

5　煩悩

『歎異抄』第九条で唯円が「念仏しておりましても、おどりあがるような喜びの心がそれほど湧いてきませんし、また少しでもはやく浄土に往生したいという心もおこってこないのは、どのように考えたらよいのでしょうか」と尋ねたのに対して、親鸞は「喜ぶはずの心が抑えられて喜べないのは、煩悩のしわざなのです。そうしたわたしどもであることを、阿弥陀仏ははじめから知っておられて、あらゆる煩悩を身にそなえた凡夫であると仰せになっているのですから、本願はこのようなわたしどものために、大いなる慈悲の心でおこされたのだなあと気づかされ、ますますたのもしく思われるのです。また、浄土にはやく往生したいという心がおこらず、少しでも病気にかかると、死ぬのではないだろうかと心細く思われるのも、煩悩のしわざです。……おどりあがるような喜びの心が湧きおこり、また少しでもはやく浄土に往生したいというのでしたら、煩悩がないのだろうかと、きっと疑わしく思われることでしょう[23]」と答えています。

この親鸞と唯円の問答の核心は煩悩に気がつくかどうかにあると思われます。煩悩だと気づいた瞬間、すでに煩悩を離れています。あるいは、煩悩を離れなければ煩悩だと知ることはできないでしょう。おどりあがるような喜びも湧かず、はやく浄土に行こうとも思わないのは煩悩のしわざだと教えてくれるのは、「才市よい」と呼ぶもう一人の才市です。親鸞も自分のことを親鸞と呼びますが、その親鸞を親鸞と呼ぶもう一人の親鸞がそれは煩悩だと教えてくれるのです。
そのもう一人の才市や親鸞は、おどりあがるような喜びが湧きおこり、少しでもはやく往生したいと思うときにも、それが同じく煩悩のしわざかもしれないということをよく知っています。
才市は次のようにも書いています。

さいちや、よろこび、あてにするじやない。
へ、へ、あとにのこるわ、しんじのつき。

これさいち、よろこびわ、あてにわならの（ぬ）、
けゑて（消えて）にげるぞ。
にげぬ御慈悲わ、親の慈悲。

なんともない、
うれしゆもない、
ありがともない、
ありがとないのを、

くやむじゃない。

煩悩に心まかれておるわしが、
煩悩ごめに（ぐるみ）こころとられて、
なむあみだぶに、こころまるめて、
なむあみだぶわありがたい。

煩悩まみれの人間にはよろこびを当てにすることはできません。ありがたくないのを悔やむ心もまた煩悩からです。煩悩で煩悩を消すことはできません。なむあみだぶと自己を開いて心を丸ごと煩悩ぐるみ取られるほか仕方ありません。
よろこびを当てにしない、ありがたくないのを悔やまない、何があってもなんともないということは、批判せず、裁かず、すべてを受け入れるということだと思われます。しかしそれは何かに服従するということではないでしょう。なぜなら、服従するとき、私たちは服従せざるを得ない閉じた自己を強烈に意識しているはずですから。
そのような利己的自己を開き、なむあみだぶと心を煩悩ぐるみ取られるとき、私たちは初めてすべきことが分かるのでしょう。「災難に逢《あう》時節には災難に逢がよく候。死ぬ時節には死ぬがよく候」というとき、良寛はそのような「なんともない」ところにいたはずです。

しかし、その「なんともない」は人々の悲しみや苦しみを何とも感じないということではありません。それどころか、良寛は人々の悲嘆や苦悩を我がこととして感じていたからこそ、そのように書くことができたのだと思われます。たとえその悲嘆や苦悩が煩悩によるとしてもです。[24]

才市の言葉に次のようなものがあります。

「さいちや、ありがたいのが、どをして知れた。」
「わしがつまらんで知れたのよ。
をやのをかげよ。」

自分が煩悩まみれのつまらない存在だからこそ弥陀のありがたさがわかったというのです。

「さいちわ、なにがたのしみかへ。」
「さいちが、たのしみわ、悪業煩悩が、
さいちが、たのしみであります。」

救いは煩悩ぐるみです。煩悩を楽しむのは煩悩を煩悩と知った才市です。

【注】

（1）鈴木大拙『日本的霊性』（岩波文庫）二〇九～一〇頁。

（2）鈴木大拙『妙好人』（法藏館）五七頁。才市が木屑に書き留めた言葉をノートに清書した経緯については神英雄「石見の妙好人」（林智康・井上善幸・北岑大至編『東アジア思想における死生観と超越』（方丈堂出版）所収）に詳しい。また、一部のノートは焼失したが、それも奇跡的にハワイ大学にマイクロフィルムとして保管されているという。

（3）シュタイナー『いかにして超感覚的世界の認識を獲得するか』（ちくま学芸文庫）一七三頁、強調は原著者。

（4）本書では才市の詩は主として鈴木大拙『妙好人』（法藏館）により、そのほかの場合は出典を明記した。

（5）シュタイナー、同前、三四～五頁、強調は原著者。

（6）シュタイナー『イエスからキリストへ』（アルテ）一三六頁。シュタイナーの説く人間の本性については第二章の2参照。

（7）第三章の2参照。

(8) シュタイナー『いかにして超感覚的世界の認識を獲得するか』(ちくま学芸文庫)二〇五頁。
(9) 鈴木大拙「極楽と娑婆」、『鈴木大拙全集第六巻』(岩波書店)七二頁。
(10) 鈴木大拙『宗教経験の事実』(大東出版社)七五～六頁。
(11) 水上勉『良寛』(中公文庫)三七四～五頁。
(12) 中野孝次『風の良寛』(文春文庫)一八八頁。
(13) 井本農一『良寛(上)』(講談社学術文庫)一六七頁。
(14) 水上、前出、三七八頁。
(15) 以上、井本、前出、一九頁。
(16) 水上、前出、三七六～七頁。
(17) シュタイナー『秘儀参入の道』(平河出版社)二〇頁。
(18) 吉野秀雄『良寛和尚の人と歌』(彌生書房)五一～二頁。良寛の手紙については井本の引用と若干異なる箇所もあるが、ここでは趣旨に影響しないので、吉野に従う。
(19) 吉野、同前、四九～五〇頁。
(20) 水上、前出、四二四頁による。
(21) シュタイナー『秘儀参入の道』一五～六頁。
(22) シュタイナー『いかにして超感覚的世界の認識を獲得するか』二七～八頁、強調は原著者。

（23）浄土真宗教学研究所編纂『浄土真宗聖典　歎異抄（現代語版）』（本願寺出版社）による。

（24）才市もまた幼いときから多くの厳しい試練を耐え忍んだに違いない（鈴木大拙編著『妙好き人浅原才市集』（春秋社）「浅原才市略年譜」参照）。シュタイナーもまた人生の出来事に平然と向き合えたわけではない。例えば、シュタイナーは二九歳のときにワイマールのゲーテ・シラー文書館で働き始めたが、あるとき文書館に隣接するワイマールの図書館所蔵の文献が必要になり、その閲覧を上級司書に依頼した。ところが、その親切で学識豊かな司書は、書架の上の方に長年使われずに置かれていたその古書を取ろうとして、梯子から落ち、そのときの骨折が元で亡くなってしまったのである。シュタイナーは彼が死んだのは自分のせいだという思いに苦しんだと述懐している（シュタイナー『シュタイナー自伝（上）』一六一頁）。

第二章　才市や

「さいちよい、われがこころを、かせんかい。」
「へ、かせま正（しょう）、しゅ上さいど（衆生済度）を、するときわ、
もどしてくれたら、かせま正。」

才市の詩にはしばしばさいちと呼びかけるものが登場します。

1　呼びかけるもの

鈴木大拙は才市に呼びかけたものは誰かと問い、その答えは弥陀だと考えています。[1] もっともな解釈だと思います、なんといっても次の詩のように才市と弥陀とは「わたし」と「あなた」の関係ですから。

如来さん、あなた、わたしにみをまかせ、
わたしや、あなたに、こころとられて、
なむあみだぶつ。

しかし、自分をさいちと呼ぶときの才市の意識状態については検討の余地がありそうです。シュ

タイナーの理解と照らし合わせながら考えてみたいと思います。
才市には次のような詩もあります。

たのしみわ、こんどあうとき（会う時）、ぼんぶじやあゑの（会えぬ）、
こんどあうとき、みだであう。
あなたにあうとをもへば、これがたのしみ、
なむあみだぶつ。

才市が誰に会うのを楽しみにしているかといえば、それは弥陀であり、「あなた」です。その弥陀の「あなた」に今度会う時には（あるいは、「あなた」に会うときには常に）、凡夫ではなく（凡夫では会えないので）、自分も弥陀として（弥陀に成って）会うのであり、それが楽しみだというのです。もっとも、「いちめん太りき（他力）」[2]の才市の世界では、あくまでも「さいちがほどけになるこたできの（ぬ）」のであり、「ほどけからほどけもろをて、なむあみだぶつ、なむあみだぶが、わしのほどけよ。」ということになります。
それは「ひとつ」の世界ですが、「あなた」と「わたし」との間にはあくまで区別があります。

なむあみだぶとみださまわ、
ひとつもので、ふたつがないよ、
なむあみだぶが、わたくしで、
みださまが、をやさまで、
これがひとつのなむあみだぶつ。
ごをんうれしや、なむあみだぶつ。

ひとつでありながら区別があるということがすなわち「機法一体」ということです。

ふたりづれ。
ぼんぶ（凡夫）ふたりにかわ（川）がある。
みだとわたしにかわわない。
機法一体、なむあみだぶつ。

この「ひとつ」に成るということが信心獲得の体験であり、「さいち」と呼ぶ声の一つはその「ひとつ」から聞こえてくるものと思われます。

しかし、「さいち」と呼ぶ声は別のところからも聞こえてくるようです。

「まてまて、こんなさいち、よい、
われわ、これをかくもよいか（が）、また、じやけんなこころがうく（浮く）。

ごかい三さま（御開山様）の、まゑ（前）には、でられんでわないか。

それよりも、わしが、ゑゑこと（よいこと）をゆうて（いって）きか正（しょう）、へ。

いまからの、あさまし、あさましばうかり（ばかり）ゆうてをるが（いっているが）、よいよ。」

「それでも、あなた、あさましと、よろこびわ、
ひいついたもので（ひっついたもので）、はなれわしません（離れはしません）。

（以下、略）


ここで「さいち」と呼ぶ「あなた」は、明らかに弥陀のところ、ないし弥陀とひとつのところには立っていません。それはせいぜい才市と同格の、単なるもう一人の才市にすぎないものと思われます。

以上のように、「さいち」と呼ぶ声はいろいろなところから聞こえてきたものと考えられますが、いったいそれは何を意味しているのでしょうか。

それは一つには信心の深まりを意味しているものと思われます。(3) ここでいう信心の深まりということには二つの意味があります。一つは信心を得るまでの信仰の深まりであり、もう一つは信心を得た後の信仰の深まりです。この二つの信心の深まりについて、シュタイナーの説と比較しながら考えてみたいと思います。

2 あなたとわたし

シュタイナーの人間観によれば、現段階の人間は、大きく分けて四つの要素、すなわち物質体（物質的身体）、エーテル体、アストラル体、自我（個我）から成っています。物質体は、鉱物、植物、動物、人間のすべてに共通しています。エーテル体は生命体とも呼ばれ、鉱物を除いて、植物と動物と人間に備わっています。アストラル体は心魂体とも呼ばれ、動物と人間に備わっています。そして、自我は思考体や霊体とも呼ばれ人間だけにみられる要素です。

動物にはなく、人間だけにある自我とは「私」です。人間は幼児期のあるとき、自分を意識し、「私」と呼ぶようになります。自我の目覚めです。他の一切と区別された自己をもつようになります。しかし、これはまだいわば素朴な自我の段階です。

一〇代の後半になると、人間は自我を意識するようになります。つまり、自我の中に自我を意識するもう一つの自己が目覚めます。これは自己中心的な、わがままな、一般に自意識と呼ばれるものとは違います。この自己意識は自我を対象化して、その存在に疑問の目を向けます。自己の存在や人生の意味が問題になります。自己意識的自我の誕生です。

ただし、シュタイナーの理解によれば、この自己意識的自我の誕生ないし覚醒は、太古の昔から将来にわたって不変の人間の本質的な現象というわけではなく、現代の人間に特有の現象です。この場合、現代というのは一四一三年から三五七三年までの期間（シュタイナーのいう第五文化期）を指します。シュタイナーによれば、この二一六〇年という期間の人間の課題こそ、自己意識的自我を覚醒させ、発達させることなのです。

自己意識的自我の覚醒あるいは誕生というできごとは、高次の意識が覚醒する、誕生するということであり、高次の意識とは霊界（精神界）に通じる意識のことです。この高次の意識と大拙のいう宗教意識は基本的に同じもので、高次の意識が覚醒するということが大拙のいう霊性に目覚めるということだと考えられます。

大拙が宗教意識に目覚めるというとき、それは『歎異抄』後序にある「親鸞一人がため」の「一人」に目覚めることを指しています。能登の栃平ふじという女性の妙好人も、「むし（無始）よりこのかた、この世まで、わたし一人にかかはりて、ああありがたや、なむあみだ」と語っていますが、(4) ふじの「一人」と親鸞の「一人」に違いはないと思われます。

この「一人」に目覚めるということが、信心を獲得するということであり、人間と弥陀との間に「如来さん、あなた、わたしにみをまかせ、わたしや、あなたに、こころとられて」という関係が成り立つということだと考えられます。

シュタイナーによれば、このように自己意識的自我という高次の意識が覚醒し、「一人」に目覚め、信心を獲得するためにはまず二つの行が求められます。「畏敬の小道」と「内的生活の開発」です。このうち「畏敬の小道」については若干ですがすでに第一章の4で触れましたので、ここでは「内的生活の開発」という行に注目してみたいと思います。

シュタイナーはこの行に関する自らの理解を述べるに当たって、「そのような実践上の諸規則は思いつきの所産ではなく、太古の経験と知識に基づいており、高次の認識の道が示される場合には古来常に同一の仕方で与えられてきた。霊的生活上の真の師はすべて、たとえそれらの規則を同一の言葉で表現してはいなくても、その内容に関して常に一致した立場に立っている。内容に相違があるとしても、その相違は表面的なものにすぎず、本質的ではない」と断っています。(5)

高次の認識を得るための実践上の諸規則、つまり行の内容は、古来一貫しており、しかも文化の違いを超えている、というシュタイナーの認識は注目に値します。そのような立場に立つシュタイナーの説が日本の宗教や思想と共鳴し合っても不思議ではありません。本書の試みの根拠もこの点にあります。

シュタイナーが実践的規則の最初に来るものの一つとして挙げているのが、「内的平静の瞬間を確保し、その時間の中で本質的なものと非本質的なものとを区別することを学べ」というものです。(6)その具体的な方法として、シュタイナーは次のように述べています。「毎日、わずかの時間でもよいから、日々の仕事とはまったく異なる事柄のために費やす時間を確保しなければならない」、そして「自分が体験する一切をより客観的な観点から見るように、心掛けねばならない」、「日常生活から隔離された瞬間に人が努力すべき事柄は、自分の経験や行動を、自分のではなく他人の経験や行動であるかのように見做す、ということである。」

才市はそのような日常生活から離れた時間をもつことを夜の楽しみとしてそのとき心に浮かぶ言葉を何の思惑も交えず書き留めたわけですが、(7)念仏を称えるだけでよいとする真宗の行の場合はどうでしょうか。日常生活から離れた時間をもつ必要があるとするシュタイナーの説と念仏行との間には矛盾があるように見えます。結論を先取りしますと、専修念仏の特徴の一つは、日常生活の真只中に、シュタイナーの説く上記の行のような段階を経ずに、一気に、非日常的な世界を切り開くことにあるものと思われます。ただし、そうであってもなお才市の詩作はシュタイナーの説く日常性を離れることの重要性を示していると言えるでしょう。

さて、客観的な観点を確立し、自分を他人のように見なすということは、才市やと呼ぶもう一人の才市が誕生するということです。親鸞もまた自らを親鸞と呼んでいます。

それが可能になれば、「自分の体験内容が新しい照明の下に現れてくる。体験内容にとらわれ、その中に留まっている限り、人は非本質的なものにも本質的なものと同じように係わり合っている。内的平静をもって達観するとき、本質的なものが非本質的なものから区別される。苦悩も悦楽も、どんな思考内容もどんな決断も、このような態度で自分に向かい合うときには別の現れ方をする」（強調は原著者）とシュタイナーは述べています。

　第一章で取り上げた才市の「なんともない」も、このような、苦悩も悦楽も、どんな考えや決断も、今までとは別の現れ方をした一つの例と言うことができるでしょう。

　シュタイナーも「なんともない」例を具体的に二つ挙げています。一つは誰かが意図的に傷つけたり怒らせたりしようとして語った言葉が耳に入った場合です。修行する前ならそれを聞いて傷ついたり怒ったりしたことだろうが、修行を始めた今ではその言葉が心の中に入る前にその毒針を抜き取る術をわきまえている、というものです。

　もう一つは待たされるとすぐにいらいらする場合で、内的平静の瞬間にいらいらすることのむなしさを感情として集中的に体験することによって、いらいらを体験するたびにその感情が意識されるようになり、いらいらが頭をもたげ始めてもそれはすぐに消え、これまでいらいらして空しく失われていた待ち時間を有益な観察に向けることができるようになる、というものです。

　このような内的平静の修行に関して、シュタイナーが特に強調していることがあります。それは修行のために外的な生活態度を変化させる必要はまったくないということです。それどころか、隔離された時間の「高次の生活」が習得されると、その影響が日常生活にも及び、全体的な落ち着きと個々の行動の確かさをもたらし、突発事件に遭遇しても以前のように取り乱したりしなくなるというのです。

それが今具体例を挙げた「なんともない」状態であるわけですが、ここで確認しておきたいのはシュタイナーの立場が修行と日常生活とを両立させる立場、つまり在家修行者の立場だという点です。シュタイナーが時代の要請に応えて切り開こうとしたのは、在家修行者の道、しかも特定の宗教や宗派に属さずに一人でも歩める新しい在家修行者の道です。

先に触れた、シュタイナーの行法と真宗の念仏行との違いは、隔離された時間によって習得された高次の生活の影響が日常生活に及ぶ状態を、念仏行においては、隔離された時間を通さず、一気にもたらすことにあるものと思われます。[8]

いずれにしても、シュタイナーの説明によれば、そのような状態が可能になるのは、人間はもともと、いわば日常的な人間のほかに高次の人間を内部に担っているからです。しかし、それは萌芽の状態、目覚めを待っている状態にあります。それを目覚めさせることができるのは自分の力のみです。これは自力か他力かという抽象的な問題ではなく、目覚めはまず内的努力から、誠実に「自分自身に向き合うこと」から、あなたではなくわたしから始まるということだと思われます。

3　修行の深まり

そのような内的努力、修行を通して、次第に内なる高次の人間の萌芽が成長し、高次の認識に導く内的能力の発達が促されると、やがてまったく突然に「内的な勝利」を獲得する瞬間、つまり高次の人間あるいは「霊的人間」が覚醒ないし誕生する瞬間が訪れるということですが、しかし、シュタイナーによれば、この自分の中の高次の人間の誕生は修行者の内的作業の一面でしかありません。「人間は自分を異邦人と見做すことができたとしても、それによって彼はまだ自分自身だけしか考察していない。彼は自分の個人的な生活状況とからみ合った体験や行動しか見ていない。それを超えることが必要になる。自分の個人的な状況に依存しない純人間的な領域にまで自己を高めねばならない」（強調は原著者）というのです。

自分の個人的な生活にかかわる体験や行動しか見ていないという意味は、先に触れたシュタイナーが挙げている二つの事例（悪意のある言葉を聞いた場合、待たされていらいらする場合）のように、日常生活上のできごとを覚醒した高次の自己の目で冷静に見ることができるようになったにすぎない、ということだと考えられます。そこではまだ日常生活が問題であり、関心の中心になっています。

才市が自分を才市やと呼ぶことができたということは、高次の人間ないし霊的人間が覚醒して自分を他人のように見ることができたということです。また、覚醒した当初の段階を速やかに超えて、日常的な状態に依存しない純人間的な領域、つまり人間の本質的な領域に到達しなければならないということは、才市が自分を才市やと呼ぶ場合にも、日常的な状態にかかわる段階から、日常的な状態にまったくかかわらない段階に至るまで、才市やと呼ぶものの段階に幅があることを示唆します。才市やと呼ぶものが一つではないということは、先に才市の詩によってみたところと一致しています。

一方、一般に大乗仏教の修行者である菩薩は、十信、十住、十行、十廻向、十地、等覚、妙覚という五十二段階を経て仏になるといわれ、念仏の信者がこの世で往生が定まる境地、つまり信心獲得は、その第四十一段階にあたる十地の第一段階の初地（あるいは歓喜地《かんぎじ》）に当たるとされています。(9)

このような大乗仏教における修行の諸段階および念仏信者の信心獲得の境地に関する認識とシュタイナーが説く行法の諸段階とをつぶさに比較すれば、それによって、才市やと呼ぶものがはたしてどの段階にいたのかということが、仏教の専門的な伝統や知識を離れて、私たち現代の一般人が理解しやすいかたちでより明らかになる可能性があるものと思われます。また、才市やと呼ぶものを知るということは、私たち一人ひとりが自分を呼ぶものに対するということであり、それは今日の私たちの人生にとって非常に重要なことだと思われます。

しかしそれは、単なる知識を得るのではなく実践的であることを趣旨とする本書の立場においては、とうてい筆者の力量の及ぶところではなく、いまは単に周辺的なことがらを確認するに止めざるを得ません。

4　古来の道

シュタイナーによれば、超感覚的な世界、霊的な世界あるいは高次の世界が現存することを証明する能力を完成させることが、進化の現段階における人間の課題であり、その課題を果たすには先達が瞑想を通して得た内容を素材として瞑想することが望ましく、[10]「太古以来の神秘道の中で吟味され修得されてきた」行法を勝手に応用しようとしたりすると、脇道に逸れ、果てしない幻想に陥ることになりかねません。[11]

また、しばしば、いくつかの段階を通過した修行者が「高次の認識の神殿」に入るには「神秘教義の秘密を決して他人に漏らさぬという誓いを立てねばならない」（強調は原著者）といわれることに関しては、それは誤解を招きやすい表現であって、そのような段階に達した人が言うことを禁じられているような事柄は何もなく、自分の学び得た秘密を世界のためにできる限り広くかつ立派に役立てなければならない、というのがシュタイナーの立場です。[12]

『いかにして超感覚的世界の認識を獲得するか』や「高次の諸世界の認識（秘儀参入またはイニシ

エーションについて)」(『神秘学概論』所収)はシュタイナーがそのために書いたものですが、しかしそれはなお「もっとはるかに深く内密なる秘教から取り出された内容の素描」にすぎません。(13)

「本書《いかにして超感覚的世界の認識を獲得するか》の場合のように、体験すべき事柄についての記述が扱われるときには、何度でも繰り返して同じ箇所を読み返すことが大切である。なぜなら実行した上でなければ、その微妙な内容に気づくことができないような事柄が扱われているのだから。だから本書の多くの箇所は行を試みた後でこそはじめて十分満足のいく理解が得られるのである」(14)ということからしても、「修行者自身がそれと気づく以前に、どのようにして微妙なる霊眼がすでに形成されつつあるかを……自分の経験を通して知っている」(15)ような導師の指導を受けるに越したことはないのであって、大切なことは「第一に、真剣になって超感覚的認識を求める人なら、自分を高次の秘密へ導いてくれる導師を見出すまで、どんな努力も、どんな障害もおそれてはいけないということ。第二には、認識への正しい、まじめな努力が存在するときには、どんな状況の下であっても、伝授する側がその人を必ず見つけ出してくれるということである」(16)とシュタイナーは述べています。

また、シュタイナーは修行をしなくても、意識することなしに、高次の世界の立場から行為することのできる人たちがいることに注意を促すと共に、神秘学徒はそのような人たちが世界を救済するために霊界の諸存在から授けられたものを修行によって獲得しようとしているのだと述べています。[17] この点は私たちにとって躓《つまず》きの石になることはないと思いますが、シュタイナーの説く輪廻転生観（第四章の5参照）を踏まえるとさらに受け入れ易くなります。

もう一つ、シュタイナーが強調している点として、日常生活と修行との関係があります。高次の世界に生きているからといって修行者が日常の義務を怠るようなことがあってはならない、ということはシュタイナーが常に強調するところですが、その一方で、日常生活が修行の道場になっているということも強調しています。「気まぐれや恣意にではなく、崇高な理想や根源的な命題に従う能力を獲得した者、個人的な好みや性向が義務を忘れさせようとする場合にも、常にその義務を遂行できる人は、意識しなくても、すでに日常生活の中での霊界参入者である」[18] というのです。

5　悟りの諸相

議論が若干拡散しましたが、話をもとに戻しますと、才市やと呼ぶ声は一つではないということでした。信心を獲得し、一人になり、弥陀と一つになったところから発せられた呼び声もあれば、別のところから届く呼び声もあります。しかしながら、最も重要なのは弥陀と一つになったところからの呼び声です。

弥陀と一つになって自分を呼ぶ声を聞くということは、別の言い方をすれば悟りを得るということですが、シュタイナーの悟りの概念とは興味深い違いがあるようです。

シュタイナーは「霊界参入の三段階」ということを説いています。[19] 準備、開悟、霊界参入という三段階です。シュタイナーのいう開悟つまり悟りとは、先にみた人間の構成要素の一つである心魂体（アストラル体）に高次の知覚機能あるいは知覚器官が誕生することです。

開悟によって誕生する高次の知覚器官は「霊眼」と呼ばれます。この霊眼によって魂と霊の色が見えるようになり、準備段階の行だけでは暗い状態に留まっていた霊界の線や形象が明るくなるとされます。ここで注意を要するのは、シュタイナーの場合、開悟という状態も一定の幅を持って捉えられており、開悟の段階で修めるべき行があるという認識です。

開悟の段階における行の具体例としてシュタイナーが挙げているのは、石と動物と植物の観察に順次集中して、それぞれに一定の感情が生じるのを待つというもので、そのような感情およびそれと結び付いた思考から霊眼が形成されるというのです。そして、霊眼が形成された後も、次の霊界参入の段階に進むために修めるべき行があります。

また、霊界参入も修行者が通過すべき一つの段階を示しています。霊界参入は一般に理解可能な言葉で暗示し得る最高の段階とされ、その先にもまだ言葉で表すことも理解することもできないような高次の修行段階があるというのです。

シュタイナーは開悟の段階および霊界参入の段階で修めるべき行の内容を詳細に説明していま

すが、ここではその考察は割愛してもういちど次の点だけ確認しておきたいと思います。
それは才市の悟りにも諸相があり、それに応じて才市やと呼ぶ声も一つではないと考えられるということです。[20]
私たちは才市やと呼ぶ声をそのような広がり、あるいは深まりにおいて捉えつつ、私たち自身を呼ぶ声に耳を澄ます必要があるものと思われます。

【注】

（1）鈴木大拙『妙好人』（法蔵館）七〇頁。

（2）鈴木大拙編著『妙好人浅原才市集』（春秋社）一七四頁。

（3）「序章」の注（27）で言及したカトリック司祭の押田成人も才市に関心を寄せ、次のような興味深い見解を述べている。「あの浅原才市という妙好人の残したいろいろのうたがあるわけですが、懺悔も歓喜だと……『歓喜、慚愧の絶えなし仏』というのがありますね。だけど、歓喜、慚愧の絶えなし仏というところはね、まだ、信仰の暗夜の以前なんです。まだ、慰めがあるんです。それから進んで行ってね……信仰の暗夜の過ぎた状態だっていうところ、『今は歓喜さえなく、ただ鏡に写す鏡に候』というところがあるんですね。ここへ行くと、本当に仏様の境地になるんですね。慰めとかそんな境地ではないですね。」（押田成人『遠いまなざし』（地湧社）二二四～五頁）

（4）鈴木『妙好人』二五頁。
（5）シュタイナー『いかにして超感覚的世界の認識を獲得するか』（ちくま学芸文庫）三七頁、強調は原著者。
（6）強調は原著者。以下、同前、「内的平静」による。
（7）鈴木『妙好人』「三　念仏生活の一ヶ月」の1参照。
（8）念仏行とシュタイナーの行法との比較については第七章も参照のこと。
（9）瓜生津隆真・細川行信編『真宗小事典』（法藏館）「初地」の項参照。
（10）シュタイナー『いかにして超感覚的世界の認識を獲得するか』一〇三頁および四九頁。
（11）同前、七八～九頁。
（12）同前、一〇四～五頁。
（13）同前、五三頁。
（14）同前、一四頁、強調は原著者。
（15）同前、七二～三頁。
（16）同前、二三頁。
（17）同前、九六～七頁。
（18）同前、九九頁、強調は原著者。

（19）同前、五三頁以下。
（20）昔、禅者が自分の名を呼び、自ら答えて「応、応」といったということについても、同じことが当てはまるものと思われる（鈴木『妙好人』一八二頁）。

第三章　なんとなく

なんとなく、なんとなくが、
身をたすけ、
なんとなくこそ、
なむあみだぶつ。

これも浅原才市の詩ですが、私たちの日常生活の中には「なんとなく」ということがよくあります。

「なんとなく」は直観ないし直覚です。鈴木大拙は、なんとなくは霊性的直覚の世界であり、それは損とか得とか、是とか非とか、理とか無理とか、ままになるとかならぬとかといった勘定のできる世界の話ではないと述べています。(1) 勘定のできる世界が私たちの日常の世界です。「なんとなく」は私たちの日常生活の中に顔を出す非日常的な直観であり、霊性の経験です。

カトリックの神父で神学者のカール・ラーナー（一九〇四〜一九八四）は日常生活にひそむ「霊の神秘体験」として次のような例を挙げています。(2) これは「なんとなく」の体験の具体例と言ってよいでしょう。

一、あなたは、不当に扱われ、自分を弁護しようとすればできるのに、沈黙を守ったという経験をしたことがありますか？

二、あなたに対していささかの感謝もせず、それを黙って容認しているあなたを当然視している相手を、許した経験がありますか？

三、義務づけられたとか、なにか不都合があるからではなく、ただひとえに、神秘に満ち、沈黙する、はかり難い存在、神とも、神のみ旨とも呼ばれるものゆえに従順であった経験があなたにはありますか？

四、あなたは感謝されたり、認められたりもせず、自分の内に満足感もないのに、何かを犠牲にして捧げた体験がありますか？

五、あなたは完全に孤独だったことがありますか？

六、あなたは、自らの良心の最も内なる働きかけによってのみで物事を決断したことがありますか？　そうした場合には、この決断を誰にも語ったり、説明したり出来ず、全く孤独です。あなたは、誰もあなたに代わって決断することは出来ないこと、決断したことにあなたは終生応えていかなくてはならないことを承知しています。

七、あなたは、求めてもいかなる応答もなく沈黙のみが返って来る時、底のない深みへと落下するような思いを味わい、何もかも不可解で、無意味に思われる時でさえ、神を愛そうと努めたことがありますか？

八、「こんなことをすれば自分を裏切り、抹殺することになる」という辛い思いをしながら、義務を果たしたという経験がありますか？　また、誰にも感謝されず愚行を演ずることになるだけだとわかっているのに、義務が果たせたことがありますか？

九、相手から何の理解も感謝も返って来ず、自分でも「無私」とか「分別がある」という満足感を得ることもないのに、相手に良くしてあげた体験がありますか？

十、自分の人生の水路が「平凡」という名の砂漠を通って蛇行しているのに気づいたことがありますか？　その水路は一見どこへ通じているのかもわからず、すっかり干上がってしまいそうな不安がつきまといます。それでもあなたは、何故かわからないままに、「いつかこの水路が無限の広がりをもつ海に通じるだろう」と希望を抱き続けたという経験があるでしょうか？

ラーナーの言葉は必ずしも分かり易くはないかもしれませんが、私たちの心に強く響くものがあります。それは自らの深い経験を語っているからでしょう。誰にもいくつか思い当たることがあるのではないでしょうか。

1　「なんとなく」と輪廻

　さて、才市の場合も、大拙やラーナーの場合も「なんとなく」は正しい判断の根拠になっています。一方、親鸞は「うさぎや羊の毛の先についた塵ほどの小さな罪であっても、過去の世における行いによらないものはない[3]」と述べています。これは「なんとなく」罪を犯してしまう場合のことです。

　このように「なんとなく」には正の面と負の面があるようです。これは私たちの経験と一致しています。しかし、この場合の正負は単純な相対関係をなしてはいません。そこには次元の違いともいうべきものがあります。鍵を握っているのは「輪廻」です。親鸞が述べている「なんとなく」の負の面は迷いの世界としての輪廻の世界にかかわるもの、もう一つの才市や大拙あるいはラーナーが述べている正の面は輪廻を超えた涅槃の世界にかかわるもの、という構図になっていると考えられます。

　ただし、一般的には輪廻の世界にも負の側面だけでなく正の側面もあります。いま引用した親鸞の言葉のように、真宗では輪廻やその契機となる業を罪や悪や苦しみといった側面からのみ捉える傾向があるようですが、一般に仏教では善・悪・無記（非善非悪）の三種の業にわけ、それを因縁として苦楽両方の果報を受けるとされています。[4]

才市の境位は次のような詩によく表れています。(5)

しやば（娑婆）で太のしむごくらくせかい（極楽世界）
ここが上をと（浄土）二
なるぞ（ぞ）うれしや
なむあみ太ぶつ

わ太しやしやせ（仕合わせ）ほとけの
かず（数）二ゑれて（入れて）もろ太よ
なむあみ太ぶ二

ここでは輪廻の世界はもはや問題になっていません。(6) しかし、そのことによって歴史的現実あるいは主体的創造という側面が見失われてしまったのではないでしょうか。

2　新しい輪廻観

前述のとおり、私たちの「なんとなく」は、輪廻の世界にも、輪廻を超えた世界にも由来すると考えられます。

このような「なんとなく」の世界に目を向けることの重要性を説いたのがシュタイナーです。そして、輪廻転生の理念こそ近代の西洋に姿を現した時代の要請だというのがシュタイナーの認識でした。

ただし、シュタイナーは古い輪廻観を復活させようとしたのではありません。現代にふさわしい新しい輪廻観を説こうとしたのです。シュタイナーは両者の違いを次のように論じています。

（一）西洋では十八世紀に至って輪廻の思想が現れたが、それと仏教の輪廻観との大きな違いは人類という視点の有無にある。西洋の輪廻思想においては、一つの大きな有機体としての人類の進化のために個々人の輪廻が必要とされているのに対して、仏教においては、各人の輪廻からの解脱のみに目が向けられている。西洋人がそのような視点をもつに至ったのは、国民性や人種を超えた一つの大きな有機体としての人類に関するイエス・キリストの言葉を心情の領域に受け入れたことによる。[7]

人類という視点の欠如という指摘は、一切衆生の救済を説く大乗仏教の立場にも該当すると思われます。

（二）人間はその時代に可能な思考形態から出発しなければならないのであり、今日では輪廻の理念を自然科学の立場から考察する必要がある。[8]

私たちには今のここから考察を始める以外に道はないというのがシュタイナーの基本的な姿勢です。そして、これまでの人類の進化の過程の最後に現れたのが思考であり、その思考という働きの内容も時代に応じて変化するが、現代の思考の特徴は自然科学的ということにある、というのがシュタイナーの理解です。したがって、輪廻についても、自然科学の立場から考察する必要があるというのです。[9]

（三）仏教の輪廻観においては個我が輪廻して一連の受肉をつなぎ合わせるのではない。私が現世で自分を「私」と呼ぶのは、同じ「私」が前世にあったからではない。存在しているのは前世からのカルマの結果のみであり、私が自分の個我と呼ぶものは他のすべてのものと同じくマーヤー（幻影）にすぎない。仏教の理論においては、外的な物質的人間形態を評価しないことによって個我が完全に失われた。[10]

シュタイナーは仏教の「無我」の思想を取り上げているわけですが、ここでの問題は輪廻する実体としての個我を認めるかどうかにあります。個我と呼ばれる実体があるというのがシュタイナーの立場です。

これは根本的な問題ですが、西田幾多郎の問題意識もこの点に関係があったものと思われます。その最晩年の論文「場所的論理と宗教的世界観」で西田は次のように述べています。[11]

「我々の自己は絶対現在の自己限定として、真に歴史的世界創造的であるのである。その源泉を印度に発した仏教は、宗教的真理としては、深遠なるものがあるが、出離的たるを免れない。大乗仏教といえども、真に現実的に至らなかった。日本仏教においては、親鸞聖人の義なきを義とすとか、自然法爾《じねんほうに》とかいう所に、日本精神的に現実即絶対として、絶対の否定即肯定なるものがあると思うが、従来はそれが積極的に把握せられていない。」

現実の世界をマーヤーと見るところには歴史はありませんし、個我（自己）がマーヤーであれば主体的創造は問題になりません。しかし、「現実即絶対」「絶対の否定即肯定」は色即是空・空即是色とも言えるでしょうが、それが親鸞の平生業成・即得往生や二種（往相・還相）廻向の立場であったと考えられます。西田は「悲願の他力宗は、今日の科学的文化とも結合する」ことができるとも述べています。

シュタイナーの立場は、西田が従来積極的に把握されてこなかったと述べた親鸞の立場をさらに徹底させようとするものであったと言えるのではないでしょうか。

なお、ここで注意しなくてはならないのは、シュタイナーが述べている輪廻する実体としての「個我」とは私たちの日常的な自己意識ではないという点です。シュタイナーは、誕生から死に至るまでの意識を「個人意識」、死を超えて働く、日常意識によっては把握できない意識を「個性意識」と呼び、その違いを説明したこともあります。[12]

また、シュタイナーは個我（自己）意識と物質的身体との関係や物質的身体の意味、あるいはキリストの復活とは何かといった点も論じていますが、[13] 仏教の無我の立場に立てばそのような議論も最初から不可能になります。

（四）私たちは人間の心魂の進化を計算に入れているのであり、生まれ変わりの理念は十九世紀の要請である。[14]

シュタイナーの輪廻観の大きな特徴はそれが進化の概念と組み合わされていることにあります。宇宙も人類も個人も、あらゆるものが進化という座標軸で捉えられています。

仏教でも成仏や解脱という向かうべき方向があり、その方向自体はシュタイナーの進化の方向と矛盾するものではないと考えられます。しかし、進化という概念は現実を肯定的に捉えるところから出発しています。それに対して、現世や歴史的現実を否定的に捉える仏教の思想に進化の概念が見られないのは当然です。

ただし、人類の進化のために輪廻転生が要求されているというシュタイナーの主張は通常の科学的進化論とは異なります。それは人間の「心魂の進化」を語るものであり、霊性的進化論の立場と言うことができるでしょう。

3 「なんとなく」の意識化

シュタイナーの輪廻観や人間観に基づいて発展した実践的手法に「バイオグラフィー・ワーク」と呼ばれるものがあります。これは「なんとなく」の内容を具体的・意識的に捉えることによって、人生の課題や運命の意味を知り、よりよい人生を送ることに、あるいは困難な局面を乗り越えることに役立てようとするものと言うことができるでしょう。

ここではグードルン・ブルクハルトの『バイオグラフィー・ワーク入門』（水声社）を参考にしながら人生や運命を導くとされる要因を次にいくつか列挙してみます。このような要因が「なんとなく」の具体的背景をなしていると考えられます。

（一）まず、人生全体の法則性の三段階（身体的成長段階・魂的成長段階・霊的成長段階。あるいは、人間になりゆく時期――準備期間・人間である時期――生活と闘争期間・人間として成熟する時期。あるいは、一日のリズムに譬えて、目覚めの時期・生産的な時期・眠りへと向かう時期）または二段階（受肉していく過程・離肉していく過程）のリズム。人生の三段階をさらに三段階ずつに分けた七年周期のリズム。（二）月の交点のリズム（一八年七ヵ月ごとに月の軌道の白道と太陽の軌道の黄道の交点の位置が誕生時と同じになる）。（三）七年周期と諸惑星の作用との関係。（四）人生のリズムにみられる鏡映（対称）関係。（五）諸惑星のリズム（土星――二九・五年、木星――一二年、太陽――一一年など）。（六）キリストの出来事に関係する三三年のリズム。（七）人間の資質のとしての、黄道十二宮の影響、七惑星の影響、四大元素の影響（気質）、遺伝の影響（体質）。

これらの要因の作用を理解するのは容易なことではありませんが、それらが複雑に絡み合って人生ないし運命に影響を及ぼしている、あるいはそれを形成していると考えられているわけです。そのほかにも、時代や民族といった要因も挙げられるでしょう。

著者のブルクハルトは現在の人間の状況を、霊的世界からも家族や血縁関係からも切り離され、土地や民族に対する帰属意識も薄れて、広い意味での「地球市民」になりつつあると総括していますが、民族や伝統文化という要因は人々の人生の軌跡にいまなお影響を及ぼしているものと思われます。

そして、極めて重要なことは、各自の人生や運命を貫いてそれを導くものがあり、それこそが自らが選んだ人生の課題であるという理解です。そのようなバイオグラフィー・ワークの考え方を当てはめれば、「なんとなく」を導くものは自ら定めた人生の課題である、ということになります。

バイオグラフィー・ワークの目的が、自らの人生や運命を受け入れること、さらには自分の運命あるいはカルマを信頼すること、[15]そして直面する課題にしっかり立ち向かう姿勢を整えることであるとすれば、才市の「なんとなく」はそのような目的を達成したときに迸《ほとばし》り出た言葉ということが言えるのではないでしょうか。それは第一章の冒頭で触れた、大拙のいう蜘蛛が糸を引くような自然の歌の発露というべきものと思われます。

ただし、もう一つのいわば生みの苦しみともいうべき側面があります。大拙は「才市の場合には、まず実境界があって、それからそれを言葉にあらわす句を考え出そうとするのである」と述べています。才市にとって大事なことは「なむあみだぶつ」になること、その「自己同一的体得」であって、言葉はそのときに自然に「涌き出る」ものです。(16)それは他人を意識したものではありません。才市は六四歳のとき、近くの安楽寺の梅田謙敬住職に詩をノートに清書することを勧められたのですが、「この詩は何も人に読ませるためのものではありません」と一端は断っています。(17)

しかし、清書するときには人に伝えるために適切な「句を考えだそうとする」意識が働いたのではないでしょうか。それはシュタイナーの立場にも当てはまることです。「私が直観によって得たものたちは、はじめは名前を持たずに、『直観内容』として心の中に生きていた。私がそれらを人に伝えるためには、それらを言葉で表現しなければならない。そこで私はあとになって、言葉のないものを言葉で表すために、霊界についての以前の文献の中に、そのような言葉を探し求めた」とシュタイナーは述べています。(18)

才市は、もともと人に読ませるためのものではない詩を清書することになって、改めて衆生済度を意識したのではないでしょうか。そこには往相としての「なんとなく」から還相としての「なんとなく」へと意識の転換があったのでないかと思われます（衆生済度については第五章で取り上げます）。

【注】

(1) 鈴木大拙『妙好人』(法藏館) 一〇六頁。

(2) 粕谷甲一「一日本人神父の五十年史の一断面」NPO法人芝の会編集発行『花の香りにうながされて』所収。

(3) 浄土真宗教学研究所編纂『浄土真宗聖典　歎異抄(現代語版)』(本願寺出版社) 十三条。

(4) 瓜生津隆真・細川行信編『真宗小事典』(法藏館)「業」の項参照。

(5) 鈴木大拙編著『妙好人浅原才市集』(春秋社) 一八七頁および一四〇頁。

(6) 妙好人のなかには輪廻の世界の中に信心を得たと思われるケースもある。例えば、有福の善太郎には、夜中に入った盗人に「わしが前世でかりたものを取りにきんさったとは、ご苦労なことでござんす」と言ったという逸話が伝えられている(菊藤明道「妙好人の死生観と願い——その言行から苦悩を超える道を学ぶ」林智康・井上善幸・北岑大至編『東アジア思想における死生観と超越』(方丈堂出版)所収)。この有福の善太郎と同様の逸話は第六章の1で触れた道宗にも伝わっている。

(7) 以上、シュタイナー『イエスからキリストへ』(アルテ) 三二〜四頁)。

(8) 同前、三五頁。

(9) 現在では、輪廻に関する科学的研究が次第に関心を集めるようになってきており、その状況については拙著『滝沢克己からルドルフ・シュタイナーへ——人生の意味を求めて』(ホメオパシー出版）の第二部第一章でも概観した。
（10）以上、シュタイナー『イエスからキリストへ』九八〜一〇四頁。
（11）上田閑照編『西田幾多郎哲学論集Ⅲ』（岩波文庫）所収による。
（12）シュタイナー『シュタイナーのカルマ論――カルマの開示』（春秋社）一九〜二〇頁。
（13）シュタイナー『イエスからキリストへ』一〇九頁以下。
（14）同前、二八・三二頁。シュタイナーはまた、ダーウィンの進化論は必然的に輪廻転生の教義に至るとも述べている（シュタイナー『第五福音書』（イザラ書房）二五頁）。
（15）シュタイナー『シュタイナーのカルマ論――カルマの開示』五頁。
（16）以上、鈴木『妙好人浅原才市集』「まえがき」一五頁。
（17）神英雄「石見の妙好人」林智康・井上善幸・北岑大至編『東アジア思想における死生観と超越』（方丈堂出版）所収。
（18）シュタイナー『神秘学概論』（ちくま学芸文庫）「十六版から二十版までの序言」、強調は原著者。ただし、シュタイナーの立場はさらに複雑である。『神智学』（ちくま学芸文庫）「第六版のまえがき」にあるように、シュタイナーは版を新しくするごとにほとんど毎回、表現を一層明確にするために全体的に手を加えたが、その時にふさわしい表現を見出そうと努力していたのである。

第四章　今が臨終

ありがたい、わしの、ご正（後生）を、ひきうけてくださる、なむあみだぶつ。
りん十（臨終）まつこと、いまがりん十。
これがたのしみ、なむあみだぶつ。

りん十（臨終）まつこと、めがさかゐ、（目の開閉一瞬が彼土と此土との境）
これがたのしみ、なむあみだぶつ。

へいぜい（平生）に、りん十すんで、
そをしき（葬式）すんで、
わたしや、あなたを、まつばかり。

才市は今が臨終の時であり、すでに葬式も済んで、後生を引き受けてくださる阿弥陀仏を待つばかりだと詠います。

しかし、今は常に新しい今として私たちの前に現れますから、今が臨終ということは、そのつど新しく、何度も何度も死を繰り返すということになります。その常に新たな臨終が才市の楽しみです。此土から彼土に渡るのは、まばたきする間の一瞬のことです。彼土もまた常に新たな彼土ですが、再び一瞬にして此土に帰り、次の臨終を迎えます。

こうして、今が臨終ということは、此土即彼土・彼土即此土ということになります。つまり、臨終はないということでもあります。

しかし、それはあくまでも「なむあみだぶつ」においてです。才市は「をろくじに、りん十（臨終）なし、ありがたいな」とも、「しぬるわ（死ぬるは）うきよ（浮世）のきまりなりしなんわ（死なんは）／上をど（浄土）のきまりなりこれが太のしみ／なむあみ太ぶつ(1)」とも詠っています。

1　臨終を迎えるのは誰か

今が臨終であるというとき、あるいは臨終はないというとき、才市の「わし」や「わたし」は何を指しているのでしょうか。それは明らかに肉体のことではありません。

平生に臨終が済むということは、いわゆる「平生業成《へいぜいごうじょう》」のことで、「臨終業成」に対して、臨終を待たずに往生できる身と定まるということです。臨終業成における臨終は肉体の死にかかわっていますが、平成業成における臨終は肉体の死とは別のことです。

ただし、臨終業成の立場においても、主体は肉体そのものではなく、肉体の死を経て往生すべきものです。臨終は肉体にかかわることであって、主体そのものにかかわることではありません。

他方、才市の立場である平生業成においては、臨終とは主体である「わたし」自体の臨終です。臨終業成と平生業成の根本的な違いは、肉体の死の有無ではなく、主体の死の有無にあると考えられます。

そして、才市の立場における今が臨終ということは、主体の死と蘇りを示すものと考えられます。「わたし」とは今死んで今蘇る存在です。

主体そのものの死と蘇りのことを、あるいはそれを可能にする根拠を他力と呼ぶなら、主体が死なない臨終業成は自力の立場ということになります。

また、臨終の前後の「わたし」が同じ「わたし」であるなら、臨終にかかわる「わたし」と、かかわらない「わたし」があることになります。臨終にかかわらない部分が「わたし」の核で、この核としての「わたし」には臨終はないと考えられます。

才市が、今が臨終であると同時に臨終はないというとき、そこには臨終にかかわる部分とかかわらない部分があるものと思われます。臨終にかかわらない部分を霊的主体と呼ぶなら、臨終にかかわる部分は感覚的主体と呼ぶことができます。

今が臨終ということは、感覚的主体に死んで、霊的主体として蘇ることを意味し、それを一般に宗教的悟りと呼ぶものと考えられます。

しかし、今が臨終ということは、今また新たに感覚的此土に帰るということです。感覚的世界とは何か、肉体とは何か、という点に少しこだわってみたいと思います。

2　臨終と奇瑞《きずい》

親鸞の臨終には法然とは異なり奇瑞（吉兆としての不思議な現象）は伝えられていません。それがわかるのは、親鸞の臨終を見届けた末娘の覚信尼がその三日後に越後に残った母の恵信尼に送った書状に対する恵信尼の返書が残っているからです。

津本陽はその状況を次のように描いています。「三八歳の覚信尼は、聖人の臨終を終始見届けていた。彼女は諸人に崇拝される念仏者である父聖人の臨終には、紫雲がたなびくなどの奇瑞がおこり、弟子たちが讃仰《さんぎょ（ご）う》するなか、荘厳な往生を迎えることであろうと思っていた。だが彼女の期待に反し、聖人は右脇を下に寝て小声でとなえつづけていた念仏がとだえたとき、亡くなられていた。覚信尼は、その様子を恵信尼に記した。あのように病に苦しまれつつのご臨終で、ほんとうに浄土に往生されたのであろうかと、不安であったからである。恵信尼は越後で末娘の書状を読むと、ただちに返事をしたためた。」「ご臨終の様子がどのようであったとしても、疑うようなことがあってはならない」と。(2)

ドストエフスキーの『カラマアゾフの兄弟』にも同じような問題が取り上げられています。(3)それは、ゾシマ長老が亡くなったとき、一日も経たないうちに遺骸から腐臭が漂い始めたことに端を発した騒動と、それが長老を敬慕していたアリョシャに及ぼした動揺とその克服の物語です。

ゾシマ長老やアリョシャが所属する修道院には、遺骸から腐臭が漂わなかったという伝説をもつ敬虔な修道士がいて、ゾシマ長老が長老職を受け継いだワルソノフィ長老もその一人でした。もっとも、正しさが広く認められた敬虔な修道士の遺骸から腐臭が発散しても、それ自体は特に珍しいことでもなかったのですが、ゾシマ長老の場合は、嫉妬や長老制度に対する敵意からそれまでにない悪意に満ちた現象が発生したのです。アリョシャを傷つけたのは、遺骸から腐臭が発生しないという奇跡が起きなかったことではなく、この上ない正義の人たるべきゾシマ長老が、自分よりはるかに低俗で軽佻浮薄な群集の毒々しい嘲笑の具となったことでした。

しかし、一時は低俗な修道士に誘われるまま修道院を出たアリョシャでしたが、門限を過ぎて修道院に戻り、ゾシマ長老の棺の前にひれ伏したとき、不思議な喜悦の光に心や頭脳が満たされ、夢の中でゾシマ長老に会い、生涯揺らぐことのない堅固な信仰を得たのでした。(4)

一方、才市や親鸞の平生業成の立場では、恵信尼の返書のとおり、臨終における奇瑞は問題になりません。親鸞は、かつて南都の碩学《せきがく》として知られ、賀古川の渡し守や日雇い人足をして妻子を養いながら念仏三昧の時を過ごし、遺体を鳥や犬に与えて往生したという教信沙弥《きょうしんしゃみ》を理想の姿とし、「某《それがし》親鸞　閉眼せば、加茂川にいれて魚にあたふべし」と述べ、(5)弟子への手紙には、「臨終の善悪をば申さず、信心決定のひとは、疑いなければ正定聚《しょうじょうじゅ》に住することにて候ふなり

（臨終の相のよしあしをいわず、信心が決定している人は、それが真実であるなら、正定聚の座にいる）」と記しています。[6]

これはすなわち「この肉身を軽《かろ》んじて仏法の信心を本とすべきよし」[7]を表すものと言えるでしょう。

しかし、このような身体の軽視によって仏教は輪廻するものとしての個我を失ってしまったというのがシュタイナーの認識です。身体の不思議と重要性に関するシュタイナーの説明を簡単に見ておきましょう。

3　身体の謎と重要性

身体の謎と重要性に関するシュタイナーの見解を、筆者が理解した範囲で、本書の趣旨に沿いながら、列挙してみたいと思います。[8]

（1）人間は物質的身体・エーテル体・アストラル体・個我から成るというときの物質的身体とは、私たちが見ている人体のことではない。それは水素と酸素から成る水を見る場合と同じで、構成要素の全体を物資的感覚と悟性によって見ているのである。

（2）物質的身体を詳しく見ると、それは形態を形成するものとそれを満たす素材から成っている。それはちょうど荷車にリンゴを積むようなもので、荷車にあたるのはファントムと呼ばれる透明な力体（霊的組織）であり、リンゴにあたるのは自然界に存在する物質的な素材と力である。あるいは、ファントムは人間形態を形成する網のようなもので、その中に詰め込まれたものが物質的素材と力である。

（3）精神科学で、土星期・太陽期・月期を経て現在の地球期へと物質的身体が発展してきたというとき、それはファントムのことを指しているのである。

（4）人間が死ぬと崩壊し、自然に還るもの、それは物質的な素材と力であって、ファントムではない。一方、人間の物質的身体の死はファントムの解体を意味している。ファントムの崩壊と構築は常時生じているプロセスであるが、その均衡が崩れ、最終的にファントムの解体に至るのが死である。

（5）そのような死の出現は旧約聖書の創世記にある堕罪による。それに対して、キリストの復活はファントムの蘇りを意味している。パウロの言葉「もしキリストがよみがえらなかったとしたら、わたしたちの宣教はむなしく、あなたがたの信仰もまたむなしい」（「コリント人への第一の手紙」一五・一四）もこのことを指している。また、パウロは普遍的真理ではなく、歴史的事実・出来事を語っているのである。

（6）それでは、キリストの復活という歴史的出来事によって何がもたらされたのか。それは個我意識の発展と輪廻するものの本質に対する認識であり、これこそ輪廻転生の思想が一八世紀に再び、こんどはキリスト教的思想として現れた所以である。

（7）なぜ、ファントムの蘇りが個我意識をもたらすのか。それは、個我が自己を意識するには物質的身体という鏡が必要だからである。仏教のように物質的身体の虚しさを強調すると、輪廻を説きながらも、輪廻するものの否定に至る。

（8）キリストの復活によるファントムの蘇りは人間が不朽の身体を受け取ったことを意味するのであり、人間の個我の救済を意味するのである。

以上、たいへん大雑把ですが、いまは一応この程度にして、いったん才市の詩に戻り、それからシュタイナーの輪廻論を少し詳しく見ることにしましょう。

4　「今が臨終」と輪廻

才市は輪廻には関心がないように見えます。「今が臨終」の立場は娑婆即浄土・浄土即娑婆の立場ですから、それはある意味で当然のことです。

輪廻は宿業（カルマ）と結び付いていますので、往生は宿善によらないとする無宿善往生の立場や悪人正機の立場、あるいは横超の立場においては、輪廻は基本的に問題にならないはずです。

そのことは才市の次のような詩にも表れています。

わしの心の八万四千、のこるまもない、
なむあみだぶに、まるで、とられて。

煩悩に心まかれてをるわしが、
煩悩ごめに（ぐるみ）こころとられて、
なむあみだぶに、こころまるめて、
なむあみだぶわありがたい。

これは別の言い方をすれば「絶対他力」の世界です。才市も次のように詠っています。

世界に自力わなし、
我心こそ自力なり、
自力が、他力にして貰て、
今わあなたと申す念仏。

「さいちよい、へ、他力をきかせんかい。」
「へ、他力、自力はありません、
ただいただくばかり。」

太りき（他力）二わ（は）じりき（自力）も太りきも
ありわ（は）せんいちめん（一面）太りき
なむあみ太ぶつ(9)

しかし、人間には動物や植物とは異なる自由と責任があることは明らかです。自由と責任は自力にかかわる問題です。才市の詩に関しても、最初から何もないという意味の「他力、自力はありません」ではなく、そこには「自力が、他力にして貰て」という意味が含まれている点を見逃してはならないでしょう。

一即多・多即一という表現のほうが混乱しないかもしれません。絶対他力（一）即自力他力の世界（多）です。自力の世界がなければ、動植物とは異なる人間の社会や歴史というものは成立しません。

これは才市の衆生済度にかかわる問題でもありますが、その点については次の章で取り上げるとして、いまはシュタイナーが自身の生涯の課題の一つとして取り組んだ、現代にふさわしいとされる輪廻思想に眼を転じてみたいと思います。第三章の2では仏教の輪廻観との違いに着目しましたが、ここではシュタイナーの輪廻観をもう少し詳しく見ることにします。

5　シュタイナーの輪廻論

まず、シュタイナーの世界像を見ますと、中心となるのは、物質界、心魂界（カーマ界・欲界・アストラル界）、精神界（デーヴァ界・神界）という三つの世界です。心魂（魂）の世界は大きく下部四層と上部三相から成り、精神（霊）界は有形精神界（四つの領域がある）と無形精神界（三つの領域がある）から成っています。[10] ただし、そのような三つの世界はさらに高次の世界の存在を前提として成り立っています。[11] シュタイナーの輪廻論を理解するには、このような世界像を念頭に置く必要があります。

そもそもいったい何が輪廻転生するのかということが問題ですが、シュタイナーによれば輪廻転生を重ねる本来の人間あるいは自我（個我）の真の姿（真我）は、精神界（霊界）の第五領域（無形精神界の最初の領域）に至って初めて現れます。[12] 精神界の第五領域が本来の自己の故郷です。

しかし、まだその上に第六・第七領域があります。それぞれ、宇宙の意図の領域と原像の創造力の領域と呼ばれています。したがって、人間は輪廻転生を重ねて一定のレベルに達しないと精神界の第六・第七領域に至ることはできない、つまり第六・第七領域へと進むために輪廻転生を繰り返すことになります。

また、真我は人間の構成要素の説明のなかでシュタイナーが霊我と呼ぶものと一部重なります。霊界の第五領域では霊我と真我は重なりますが、霊我はより広い意味をもつ呼称であると考えられます。

それにしても、シュタイナーはどうしてそのような死後の世界のことまで知っているのでしょうか。それは、『神智学』に収められている「認識の小道」や『神秘学概論』や『いかにして超感覚的世界の認識を獲得するか』に記されている方法を通して、魂を肉体生活の諸条件から解放することで、死と再生との間に体験される事柄を像として知覚することができたからだとシュタイナーは述べています。

これは、この世界にいながらでも、魂を肉体から解放すれば、死後の世界に至ることができるということです。

このこと自体は特に驚くべきことではありません。死とは一般に肉体の死を指しますが、それを超えて存続するものが本来の自己であるとすれば、この世界と死後の世界との差は肉体の有無のみです。その肉体的条件または感覚的条件を取り除いてしまえば、この世界と死後の世界との差は無くなり、共通の一つの世界になってしまいます。

その一つの世界がこの世界の基盤であり、それは超感覚的な霊的世界です。それはつまり、人間は本来、霊的存在であるということです。

才市の「今が臨終」が可能となる根拠もまたここにあるものと考えられます。才市も次のように詠っています。

これが世界のなむあみだぶつ、
これが虚空のなむあみだぶつ、
わしの世界も虚空もひとつ、
をやのこころのかたまりでできた。

しかし、才市は輪廻転生には関心を示していません。それは、才市の世界はある意味で静的であり、進歩という動的要因が働いていないからではないでしょうか。

なぜこの感覚的世界があるのか、という疑問に才市は取り組んでいないように見えます。そのような疑問への答えこそがシュタイナーの説く輪廻転生論です。

この世界の意味を否定し、単に脱すべきものと捉えると、輪廻転生もまた一刻も早く脱すべき無意味なものとなります。それが従来の一般的な仏教の輪廻観です。しかし、これは二元論的です。この世界の意味も含む統一された一元論的世界観に達しない限り、ほんとうに落ち着くことはできないでしょう。

それに対して、シュタイナーの立場は霊的一元論とも呼ぶべきものです。人間は霊的存在として物質界で創造活動を行っている、あるいは霊的存在が人間の物質的本性を貫いて働きかけているのであり、物質界で活動するための意図や方向性は霊的存在に由来する、というのがその考え方です。

ここで、その霊的存在が住む世界のイメージを得るために、シュタイナーの説く人間の死後の経過をごく簡単に見ておきたいと思います。(13)

人間は三つの世界（物質界・魂界・霊界）に属している、すなわち人間は肉体と魂と霊から成っているという認識が前提となります。霊は人間の中心点であり、肉体は霊が物質界を観察し、認識し、そこで活動するための仲介者であり、魂は霊と肉体との仲介者です。魂の要求が肉体の機能によって満たされるとすれば、その分だけ人間は未完成だということです。

死後の人間が最初に滞在するのは、魂界のもっとも低次の、欲望の場所（宗教によっては煉獄《れんごく》、浄火など）と呼ばれる領域です。この領域を通過する間に、物質界にかかわる粗野で利己的な欲望が消滅させられます。滞在期間は、生前における欲望の程度に応じて、つまり浄化の必要度に応じて異なります。

その次に通過する魂界の第二の領域では、共感と反感が半々に入り混じっているような魂の欲求が、第三の領域では、共感に支配された魂の欲求がそれぞれ消滅させられます。

第四の領域では肉体即自己の幻想が打破されます。生前の魂は肉体のあらゆる事柄に関与し、快と不快が肉体と結び付いているので、自分の肉体を自分自身と感じる、自己感情をもちますが、第四領域ではこの自己感情が消滅させられます。

魂界の第五の領域は魂の光の段階と呼ばれ、生前の生活において、低い欲求だけに満足せず、与えられた物資的環境に喜びや愛情を感じることができた魂にかかわる領域です。感覚的な自然体験に没入しようとした魂や宗教活動を通して物質生活の向上（地上の楽園であれ天上の楽園であれ）を期待した魂はこの領域で浄化されます。

第六の領域は魂の活動力の領域と呼ばれ、行為の動機が利己的でなくても感覚の充足であるような欲求がここで浄化されます。例えば、芸術や学問の目的が感覚的快感の追求であるような場合です。

第七領域は魂の生命の領域と呼ばれ、ここで人間の魂は感覚的・物質的世界への執着を最終的に打破されます。

こうして、魂の地上生活の残滓《ざんし》が魂界に残り無く吸収されると、霊が束縛から解放され、その本来の領域に進むことができる状態になります。

人間の霊は、肉体の死から再生までの途上、魂界を経て霊界に入り、機が熟すまでそこに留まります。

この霊界滞在は輪廻転生の意味に深くかかわっています。つまり、地上生活の目標や意図は霊界で形成されます。地上生活は創造の場であると同時に学習の場でもあり、その成果が霊界において霊の能力になります。死後の霊は常に、再び課題を果たすべき舞台となる地上に眼を向け、その時点における地上の変化に応じて尽力できるよう準備を整えています。

さらにシュタイナーの説をたどりますと、霊界も魂界と同じく七つの領域に分かれます。ただし、魂界の場合も同じですが、それらは明瞭な層をなしているのではなく、相互に浸透・混淆《こんこう》し合っています。とはいえ、物質界と霊界との差は魂界との差よりさらに大きいわけですから、大部分が感覚的事実を表現するためにある私たちの言語で霊界を表現することには最初から無理があります。

それを前提とした上でのことですが、霊界には魂界と物質界に存在するすべての事物や生物の原像があります。原像は魂界と物質界に生じる一切のものの創造者です。人間の思考内容も霊界にあるその原像の影ないし模造です。ただし、原像と模造はまったく似ていません。また、必ずしも一対一に対応したわけではなく、原像は相互に協力し合いながら創造活動を行っています。

霊界の原像には霊視の対象となる側面と霊聴の対象となる原音、さらには霊的味覚などとよぶべき側面があり、原像という言葉にはそのことが含意されています。ピタゴラス派が天体音楽と呼んだのは、物質界で悟性が法則や理念として認めるものが、霊耳には霊的音楽として聞こえることによります。

霊界の第一の領域は霊界の土台をなし、霊界の大陸とも呼ぶべき部分で、物質界の無生物の原像が存在しています。無生物といっても、生物の生命を除く部分も含まれます。

第二の領域は霊界の水域あるいは血液とも呼ぶべき部分で、生命の原像が存在しています。この領域では、人間の生命を含めて一切の生命が一つの統一体をなしています。

第三の領域は霊界の大気圏とも呼ぶべき部分で、魂界や物質界における魂のいとなみの全ての原像が存在しており、一切の感情や本能や情念が暴風や雷鳴といった気象条件のような現れ方をします。

第四の領域の原像は物質界とも魂界とも直接関係せず、低次の三領域の原像に秩序を与える役割を担っています。

第五、六、七領域はそれまでの領域とは本質的に異なり、その本性たちは低次の領域の原像の原動力となる、原像の創造力そのものを有しています。別の言い方をすれば、この領域の原像はいわば思考的存在の種子として存在しており、下位の諸領域に移されると発育して多種多様な形態を示すようになります。物質界における人間精神の創造性の源である諸理念はこの思考種子の影あるいは残照です。

ここで注意すべきはこの思考種子の構造です。胚乳が生命の核を包んでいますが、この生命の核は霊界よりさらに高次の諸世界に由来するものです。人間の生命の核は生命霊と霊人によって構成されており、それらは霊界よりさら高次の世界から移されたものです。

以上のような霊界の七領域を念頭におきながら、霊界に達した死後の人間の経過に目を向けますと、その第一領域では地上生活の物質的・肉体的側面の諸原像に出会い、それらをかつての自らの肉体の原像も含めて一つの統一体と見ることを学びます。

人間は特定の家族や民族の一員として地上に生を受け、特定の土地で生活し、特定の友人を選び、特定の職業に就きますが、霊界の第一領域ではそのようないわば日常的状況を霊の側から体験し直します。

この領域では地上生活の日常的状況が実を結びます。家族愛や友情は地上生活の成果となり、この点においてより完全な人間として再び地上に生まれ変わります。また、地上生活における魂同士のかかわりはこの領域でも存続します。

霊界の第二領域では、生命は個々の生物を離れ、一つの統一体として、いわば生命の血液となって霊界全体を循環しています。

地上生活では、その残照が世界全体あるいは世界の統一や調和といった概念となって人々の畏敬の対象となるのであり、宗教はこの残照に由来します。

地上の宗教的生活の成果はこの領域に現れ、人間はその方面の能力をさらに高められて、再び地上に生を受けます。

なお、霊界の第一領域では生前の物質的絆によって結ばれていた魂（霊）たちに出会い、第二領域では同じ崇拝対象や信条によって結ばれていた魂（霊）たちに出会いますが、すでに通過した第一領域での体験は第二、第三と続く領域でも存続し、地上生活で結ばれた絆が切り離されることはありません。

また、霊界の各領域は仕切られた部屋のように区別されているのではなく、相互に浸透し合っており、それにふさわしい霊的知覚が獲得されたとき初めて、その領域が体験されるようになります。

霊界の第三領域には魂界の原像があります。欲望や願望や感情などの原像がここに見出されるのですが、利己的欲求は一切付着しておらず、大気のようにすべてが一つの統一体を形成しています。

地上で社会や隣人のために没我的態度で奉仕した人々は、この霊界の第三領域の残照の中で生きたのであり、彼らはこの領域で一層の能力を獲得して再生します。

第四領域には、芸術、科学、技術、国家など、純人間的創造物の原像があります。科学や芸術や技術の成果はこの領域で実を結びます。偉大な芸術家や学者や発明家は、創造的衝動をこの領域から受け取って天分を高めたからこそ、再び地上に生を受けたときに人類の文化的発展に一層大きな貢献をすることができたのです。

また、特に優れた人物でなくても、日常的願望を超えて、普遍的・人間的なものに向かって努力した者はすべて、この霊界の第四領域にその源を有しています。しかし、この領域の人間はまだ地上生活における文化的条件に左右されており、自分の素質あるいは所属する民族や国家などの条件に基づく業績がこの領域で実を結びます。したがって、この領域はまだ純粋な霊界とは呼べません。

純粋な霊界は第五領域から始まり、そこに至ると人間の霊は一切の地上的束縛から自由になり、霊界が地上生活のために立てた目標や意図の真の意味を体験します。本来の人間、自我(個我)の真の姿、真我が現れます。真我は輪廻転生を通じて常に同一の存在です。自我は真我の一つの現れであり、それまでの転生の諸成果の担い手です。

以上がシュタイナーの説く人間の輪廻転生の素描です。また、先にも述べましたように、霊界にはさらに第六、第七領域があるとされていますから、第五領域の真我が輪廻転生を重ねて成熟すると、第六、第七領域へと進むことができる一方、第五領域で真我と重なる存在をシュタイナーはより一般的に霊我と呼んだものと考えられます。

念のためにもう一度ここでも確認しておきますと、シュタイナーはこのような輪廻転生論を一つの物語ないし一つの考え方として語ったのではありません。「誰でも直ちに見者になることはできない。しかし見者の認識内容がすべての人の人生の良き糧となることはできる」のであり、そのために「超感覚的世界への道を明らかにすることで、自分ではその道を歩もうとしない人にも、その道を歩んだ人の語る事柄に信頼がもてるようにしたい」、さらには「誰でも秘伝を受ける者（神秘学徒）に、否、秘伝を授ける導師（神秘学者）にさえなることができる」のであり、そのためには「人は自力で超感覚的な認識を獲得しなければならない」が、そのための道を広く一般に示したい、「霊学と真の実証科学との研究成果をよく比較してみるなら、両者の間に存する見事なまでの完全な一致がますます認められるようになってくる」はずである、というのがシュタイナーの立場です。(14)

シュタイナーは実際に、教育、医学、農業、建築など幅広い分野で、霊学（超感覚的世界の認識）に基づいて成果を上げ（特に教育や医学は人間の輪廻転生と深く結びついています）、その新たな流れが世界的に広まり今日に至っているということは、シュタイナーの認識が単なる物語ではないことを実証するものと言えるでしょう。それは、親鸞の立場の確かさを妙好人が実証していることに比すこともできると思われます。

6　煩悩の意味

煩悩については既に第一章の5で取り上げましたが、才市の「今が臨終」の立場とシュタイナーの輪廻転生の立場では煩悩の捉え方にも違いが生じます。ここでは、その両者の違いの今日の私たちに対する意味を考えてみたいと思います。

才市は次のように記してします。

「さいちわ、なにがたのしみかへ。」
「さいちが、たのしみわ、悪業煩悩が、
さいちが、たのしみであります。」

妄念わ、つねのもの、やまの（ぬ）もの、
けゐも（消えも）せず、なむあみだぶのときになる（友達になる）。
これはよろこびのたね、なむあみだぶつ。
「さいちや、ありがたいのが、どをして知れた。」

「わしがつまらんで知れたのよ。
をやのをかげよ。」

悪業煩悩が楽しみというのは、それによってありがたさがわかるからです。つまらない自分だからこそ、それを知ることができたというのです。

煩悩や妄念はひと時も消えはしませんが、なむあみだぶと称えさえすれば、一瞬にして煩悩や妄念も友達に変わります。煩悩こそ喜びの種子です。

才市の言葉には喜びや感謝の気持ちがあふれています。しかし、才市の場合は、煩悩はありがたさを知るための契機としての役割しか果たしていません。煩悩と友達になってしまえば、もうそれ以上執着することはありません。煩悩や妄念が楽しみであり、友達であるといっても、それ自体は否定的なものであり、関心を持つべきものではありません。

才市の立場は横超の立場です。娑婆が一瞬にして浄土に変わる世界です。それは娑婆に執着しない、娑婆即浄土の一つの世界の立場です。例えば、才市は次のように詠っています。

さきのよを、ここでたのしむ、
をやのさいそく。

これは才市の衆生済度にかかわる問題ですが、この点については章を改めて検討したいと思います。

なお、少し脇道に逸れますが、この詩の「をやのさいそく」という表現もまた注目に値します。これは「秘儀において伝授される知識や行為への衝動は、高次の諸世界から取り出してこなければなりません」[15]というシュタイナーの言葉と符合しています。「親のさいそく」はまさしく「高次の諸世界」からの「衝動」を表すものと思われます。

才市の横超の世界、娑婆即浄土の一つの世界はいわば時間のない世界です。他方、輪廻は時間の世界の問題です。両者は根本的に対立しているように見えます。

問題の核心は統一的世界観にあると思われます。つまり、どちらがより包括的・統一的な世界観を提示しているか、それが問われると思われます。

この統一的世界観という観点からすれば、時間という要素を欠くことも、それに対する永遠という要素を欠くことも、ともに問題です。才市の立場は前者に、シュタイナーの立場は後者に該当するように見えます。

しかし、シュタイナーの輪廻観は、先に述べたようにいわば霊的一元論の立場あるいは絶対帰依ないし絶対肯定の立場に立脚したものです。そこには単に意味がないもの、否定すべきものは存在しません。地上の娑婆は不可欠の修行の場です。また、地上界（物質界）・魂界・霊界という三つの世界を経巡る輪廻の道程が成り立つ場は、その三つ世界（およびさらに高次の諸世界）が同時に存在する永遠の場でもあります。その意味では、シュタイナーの立場もまた横超の立場です。シュタイナーはまさしくそのような立場から、自らの使命として、現代が求める新しい認識としての輪廻転生を語ったのだと思われます。

【注】

（1）鈴木大拙編著『妙好人浅原才市集』（春秋社）三八七頁。
（2）津本陽『弥陀の橋は（下）』（文春文庫）三三三・三三九頁。
（3）「第七篇　アリョシャ」、原久一郎訳の新潮文庫版による。
（4）この『カラマアゾフの兄弟』第七篇については、小林孝吉『銀河の光　修羅の闇——西川徹郎の俳句宇宙』（西川徹郎文學館新書）三七〜八頁から示唆を得た。
（5）覚如『改邪鈔』『浄土真宗聖典（註釈版）』（本願寺出版社）所収。
（6）『親鸞聖人御消息』（乗信房宛）『浄土真宗聖典（註釈版）』所収、現代語訳は津本、前出、三二四〜五頁による。
（7）覚如『改邪鈔』。

（8）この節はシュタイナー『イエスからキリストへ』（アルテ）「復活（一）」「復活（二）」による。
（9）鈴木編著『妙好人浅原才市集』一七四頁。
（10）以上、シュタイナー『天国と地獄』（風濤社）、編訳者・西川隆範による「緒言」参照。
（11）シュタイナー『神智学』（ちくま学芸文庫）一四四～五・一六二頁参照。
（12）以下、同前、「三つの世界」、特にその中の「四　死後の霊界における霊」参照。
（13）以下、同前、「三つの世界」の「二　魂の世界における死後の魂」「三　霊界」「四　死後の霊界における霊」参照。
（14）シュタイナー『いかにして超感覚的世界の認識を獲得するか』の「第三版のまえがき」及び「条件」参照。
（15）シュタイナー『秘儀参入の道』（平河出版社）一三三頁。

第五章　衆生済度

才市は衆生済度について次のような詩を書いています。

なむあみだぶの、ねいり（寝入り）ばな、
じやけんのさいちに、をこされて、
しゆ上さいど（衆生済度）が、せわしいよ、
はやくをきて、もをす（申す）べし、
なむあみだぶつ、なむあみだぶつ。

「さいちよい、われがこころを、かせんかい。」
「へ、かせま正（しょう）、しゆ上さいど（衆生済度）を、するときわ、
もどしてくれたら、かせま正。」

このさいちわこ（子）をもたん、／をや（親）をもうとる（持っている）、／かに（金）をもたん、
／をやはあみだで、こはなむで、／をやこそろをた、なむあみだぶつ、／しゆ上さいど（衆生済度）の、をやこで、ま。

ありがたいな。／娑婆ですること、稼業を営みすることが、／浄土の荘厳に、これがかわるぞよ。／ふしぎだ、なに（ん）とふしぎでありますな。／なむあみだぶわ、どをゆう（なんという）、ゑゑ（よい）くすりであろをかいな。／なむあみだぶわ、どをゆうよいくすりで、あろをかいな。

大拙は『妙好人』の中で、一般に浄土系仏教では受動的態度が強調されるが妙好人にはその傾向が特に強いこと、そのことには『歎異抄』に「親鸞一人がためなりけり」とあるように宗教経験の本質からして然るべき理由があること、しかしいそぎ仏になること（往相廻向）と大慈大悲心をもって思うがごとく衆生を利益すること（還相廻向）は車の両輪のごとく切り離すことができないものであること、つまり衆生各個の成仏はやがて全個の成仏を意味するものでなければならないこと、また霊性的直覚は分別智の世界で肯定され経済生活や政治生活など社会生活全般を導くものでなければならないこと、を指摘しています。[1]

ここでは、このような大拙の問題意識を手掛かりとして、才市の衆生済度について考えてみたいと思います。

1　単数としての衆生

まず、冒頭に挙げた最初の詩を見ますと、衆生済度の対象が「じやけんのさいち」であり、衆生済度に忙しいのは親の阿弥陀仏と考えられます。ここでは才市は「じやけんのさいち」と阿弥陀仏の二役を演じています。しかし、才市の舞台はその両者で完結してしまっています。そのほかには誰も登場しません。

二番目の詩についても同じことが言えると思われます。「さいちよい、われがこころを、かせんかい」と言うのは阿弥陀仏、「へ、かせま正（しょう）、しゅ上さいど（衆生済度）を、するときわ、もどしてくれたら、かせま正」と答えたのは才市、この場合も、衆生済度の対象は邪険な心をもった才市自身と考えられます。

三番目の詩には親子の関係が登場します。親は阿弥陀仏です。しかし、子は才市ではなく南無、南無となった才市です。南無阿弥陀仏で親子がそろいます。親と子が一つになります。それを才市は衆生済度と呼んでいるものと思われます。この場合も済度されるのは南無となった才市自身です。

才市は次のようにも詠っています。

だいひ（大悲）のをやわ、よいをやよ。
わしのこころと、ひとつになりて、
よいもわるいも、あなたにもたれ。

子の心、子の心わ、親の心よ。
親の心、親の心わ、子の心。
親子の心、二つなし、
ひとつ心、機法一体、なむあみだぶつ。
（以下略）

子は機、親は法、親子が一つになっていわゆる機法一体、それが才市の衆生済度の世界だと思われます。また次のような詩もあります。

この悪人は仏（ぶつ）をたのしむ、なむあみだぶつ。
仏はさいち（才市）機をたのしむ、なむあみだぶつ。
しゆ上さいど（衆生済度）をさせて、たのしむ、なむあみだぶつ。[2]

大拙はこの詩を引いて、「衆生とは単数である、この悪人、この機、この才市自身である。これを済度しなければならぬ。これができなくて、なんの複数衆生ぞ、なんの非個己ぞ、なんの他

己ぞ。そしてそれがまた実に楽しき遊戯三昧なのである」と述べています。(3)

衆生が単数であるというのは「親鸞一人がためなりけり」ということでしょう。そこには人類あるいは歴史といった意識は認められません。複数衆生に目を向け、衆生各個の成仏はやがて全個の成仏を意味するものとしても、人類との間には大きな隔たりがあります。なお、大拙が指摘している浄土系仏教や妙好人に特徴的な受動的態度という点については、「一人」が宗派を超えた宗教経験の本質にかかわるものである以上、それを理由にすることはできないでしょう。

冒頭の四番目の詩では、念仏によって娑婆の稼業が浄土の荘厳に変わります。才市の稼業は衆生済度と一つです。大拙は次のように述べています。「彼は、『なむあみだぶつ』中に行住坐臥し、衆生済度を怠らなかった。それが、彼の生涯であった。衆生済度とは、必ずしも、『自力』宗のように種々の形式で、一切有情の化度に従事することでなくて、日々の仕事に精進することである。」「才市は、『みだの衆生』の一人であるわけだ。『みだ』は、才市に仮託して、この世の稼業を営み行くのである。これが真宗の衆生済度の意味だ。」(4)

真宗における衆生済度の意味、それは「みだの衆生」の一人として稼業に勤《いそ》しむことである、というのです。

この大拙の指摘は重要です。注意深く検討する必要がありそうです。第一章の冒頭でも引用しましたが、大拙は次のように述べていました。「いわゆる法悦三昧に浸っている人は、ことによるとその仕事を忘れて、お皿を壊したり、お針を停《と》めたりなどして、実用生活に役に立たぬものも往々にある。才市は全然これと選を異にしていた。仕事そのものが法悦で念仏であった。」[5]

しかし、才市の作ったとされる下駄を見ると、それは売り物にならないような完成度の低いもので、右左の高さが多少違っていても本人は気にしなかったのではないか、という指摘もあります。[6]

才市にとって重要なのは稼業そのものではなく、遊戯三昧、法悦三昧に浸ることであったはずです。

わしの後生わ、をやにまかせて、
をやにまかせて、わたしわ稼業。
稼業する身を、をやにとられて、
ごをんうれしや、なむあみだぶつ、なむあみだぶつ。

稼業する娑婆の身のまま親にとられてしまえば、後はうれしさばかりです。そこには最早顧客との関係は存在しないようです。仕事に精進するといっても、その精進は社会や技術の方面には向かわないようです。それを大拙は自力宗との違いとして挙げたわけです。往相廻向と還相廻向は車の両輪のごとく切り離すことができない、と大拙がいうとき、往相廻向に偏向していないかどうか、あるいは還相廻向が歴史的現実に向かっているのかどうか、疑問が残ります。

しかし、大拙の才市理解は的確であり、大拙の問題は才市の問題でもあると思われます。才市の衆生済度はいわゆる本願力（他力）廻向を意味していると言えるでしょう。それは相対的な他力・自力を超えた、絶対他力の「ただいただくばかり」の世界です。

「さいちよい、へ、他力をきかせんかい。」
「へ、他力、自力はありません、
ただいただくばかり。」

才市の世界においても、自力と他力、娑婆と浄土ということが最初からないわけではありません。しかし、自力も娑婆も相対的世界を超えた絶対的な他力と浄土に変わる（転じる）契機としての役割しか果たしていないように見えます。往相廻向と還相廻向のうち、後者の側面が弱いように見えます。それは冒頭で引用した大拙の言葉でいえば「受動的態度」です。しかし、もう少し考えてみる必要がありそうです。

往相廻向は浄土に往生して悟りを開くこと、還相廻向は穢土の娑婆に還って人々を救うことです。往相廻向も還相廻向もともに阿弥陀仏の本願力（他力）廻向のはたらきによります。才市の立場においては、この他力廻向が往相と還相に分かれない、あるいは往相のみで還相が欠けているように見えます。

これは、柳宗悦《やなぎむねよし》が才市と源左を比較して述べているような、妙好人の資質の問題だけではありません。[7]

この場合に問題なのは還相廻向の意味です。再び穢土に還って人々を救済するというときの、救済の意味が問題になります。

救済とは済度、すなわち迷いの世界にいる人々を救い出し悟りの世界（浄土）に渡すことです。つまり、この場合には、穢土であるこの世界、大拙のいう分別智の世界はそもそも脱すべき世界、否定すべき世界であり、積極的に働きかける対象ではありません。

このことは他力仏教に限らず自力仏教にも言えることで、悟るということは分別智を脱して無分別智（霊性的直覚）を得るということです。

他方、大拙が述べているように、霊性的直覚が分別智の世界で肯定され、経済生活や政治生活など社会生活全般を導くものでなければならないとすれば、何よりもまず分別智の世界が肯定されているのでなければなりません。

これは親鸞の「火宅無常の世界は、よろづのこと、みなもつてそらごとたはごと、まことあることなきに、ただ念仏のみぞまことにておはします」[8]という立場とは異なります。

浄土に対する穢土としての分別智の世界に積極的な意味を認め、その存在を肯定するかどうかが問題です。分別智の世界を肯定するということは当然のことながら人間の分別智を肯定するということです。

霊性的直覚が分別智の世界で肯定され、経済生活や政治生活など社会生活全般を導くものでなければならないというのは、実はまさしくシュタイナーの立場です。

2 シュタイナーの立場

「おまえは感覚世界からの束縛を脱し、超感覚的世界の市民権を獲得した。今後は超感覚的世界から働きかけることができる。……おまえがこの超感覚的世界に住むことだけを求めるとすれば、もはや感覚世界の中に帰る必要はないであろう。……しかし今からおまえは、解脱によって得た力をこの感覚世界のために役立たせねばならない。これまでおまえは自分自身の救済のみを計ってきた。解脱した今、感覚世界に住むすべてのおまえの仲間たちの救済のために働かねばならない。これまでおまえは一人の人間として努力してきた。これからは全体の中に自分を組み入れる必要がある。そしておまえだけではなく、感覚世界に生きる他のすべての人々をも、超感覚的世界へ導こうと努めねばならない。」[9]

これは人間が霊界に参入するときに出会うとされる第二の「境域の守護霊」の言葉としてシュタイナーが語ったものです。因《ちな》みに、第一の「境域の守護霊」と出会うのは霊妙なエーテル体とアストラル体の内部で意志・思考・感情の結合体が解消し始めたとき、第二の「境域の守護霊」と出会うのはその結合体の解消の影響が肉体（特に脳）にまで及んだときとされています。(10)

感覚的世界の束縛を離れて解脱した魂が、いまも感覚的世界に生きるすべての人々を超感覚的世界に導こうと努めるという構図は、往相廻向と還相廻向という構図に一致します。

しかし、シュタイナーの立場は、「どんな場合にも、人間の使命はこの地上に求められねばならない。地上の使命を離れ、別の世界へ逃避しようとする人は、決して目標に到達しないであろう。……人間は霊界に関与し、その啓示を感覚界の中に持ち込むことができなければならない。人間が地上を変革しうるのは、霊界から探知しえた事柄を、地上に移し入れることによってである。この点にこそ、人間の使命がある。感覚的な地上世界は霊界に依存している。創造的諸力が隠されているあの世界に関与することによってはじめて人間は地上で本当に有効な働きをすることができる。それ故にこそ、霊界への参入を望むべきなのである」(11)というものです。

このようなシュタイナーの立場と親鸞の立場をもう一度比較してみたいと思います。才市の立場も親鸞の立場と同じと考えられます。『歎異抄』には親鸞の言葉として次のように述べられています。

「慈悲について、聖道門《しょうどうもん》と浄土門とでは違いがあります。聖道門の慈悲とは、すべてのものをあわれみ、いとおしみ、はぐくむことですが、しかし思いのまま救いとげることは、きわめて難しいことです。一方、浄土門の慈悲とは、念仏して速やかに仏となり、その大いなる慈悲の心で、思いのままにすべてのものを救うことをいうのです。この世に生きている間は、どれほどかわいそうだ、気の毒だと思っても、思いのままに救うことはできないのだから、このような慈悲は完全なものではありません。ですから、ただ念仏することだけが本当に徹底した大いなる慈悲の心なのです。」（第四条）

「命のあるものはすべてみな、これまで何度となく生れ変り死に変りしてきた中で、父母であり兄弟・姉妹であったのです。この世の命を終え、浄土に往生してただちに仏となり、どの人をもみな救わなければならないのです。（中略）自力にとらわれた心を捨て、速やかに浄土に往生してさとりを開いたなら、迷いの世界にさまざまな生を受け、どのような苦しみの中にあろうとも、自由自在で不可思議なはたらきにより、何よりもまず縁のある人々を救うことができるのです。」（第五条）(12)

問題は還相廻向のあり方であり衆生済度の可能性です。自力の聖道門の慈悲とは、すべてのものを憐れみ、いとおしみ、育むことです。慈悲心とは一般にそのようなものです。しかし、この世に生きている間は、どれほどかわいそうだ、気の毒だと思っても衆生を思うままに救うことはできない、それは完全な慈悲心ではないというのです。

親鸞（ないし唯円）の言うことは私たちにも実感としてよく解ります。それではどうすればよいのか。念仏して速やかに浄土に往生して悟りを開き仏となれば、仏の慈悲心で縁に応じて思うままに救うことができる、それが浄土門の慈悲というものであり、念仏することだけが完全で徹底した慈悲心に通じる道である、というのが親鸞の答えです。

はたして私たちはこのような答えに納得できるでしょうか。要するに、念仏して一刻も早く悟りを開きなさい、そうすれば仏の不可思議なはたらきで自由自在に衆生を救うことができる、というのです。

「この世に生きている間」および「この世の命を終え」の「この世」とは、「自力にとらわれた心」を捨てられないでいる間という意味に解してよいのか、曖昧《あいまい》さが残る表現だと思います。仏の慈悲心を得て思うままに衆生を救うことができるのは、いつなのか、どこでなのか。

それでは、才市は自由自在な仏の慈悲心を得たのでしょうか。確かに才市はこの世に生きている間に臨終を迎え仏の慈悲心を得たのだと思います。しかし、それは「この世」を積極的に肯定するのではなく、人々が「この世の命を終え、浄土に往生してただちに仏となり」、救われる道です。

以上のように、親鸞や才市の立場とシュタイナーの立場との違いは地上の現世を積極的に肯定するか否かにあります。

それでは、その違いは自力門と他力門の違いに相当するものかといえば、そうではありません。例えば、シュタイナーは次のように述べています。

「高次の現実を自分で霊視しようとする人が、自分の中に作り出さねばならぬ最初の特質……それは、人間生活や人間外の世界が開示するものに、偏見を排して、ひたむきに帰依することである。……学ぶ者は、いかなる瞬間も、異質の世界を容れることのできる、まったく空の容器になることができなければならない。われわれ自身に発する判断や批判のすべてが沈黙する瞬間だけが、認識の瞬間なのである。……極く無分別な幼児といえども、偉大な賢者に対して開示すべき何かをもっている。(13)」

これは自力を排した、他力の態度です。あるいは、自力も他力もない絶対肯定の立場です。才市の「他力、自力はありません、ただいただくばかり」という世界と重なります。

シュタイナーはまた、超感覚的世界ないし霊界に参入するための神秘修行の第六の条件として次のように述べています。「自分に向かってくるすべての事柄に対する感謝の気持ちを養うことである。自分の存在は全宇宙からの贈り物である。われわれ一人一人がこの世に生を受け、生きながらえることができるためには、どれ程多くの必要条件が充たされねばならないか、どれ程多くのことをわれわれは自然に負い、また他の人々に負っていることか、神秘道を修行する者はこのように考えることができなければならない。このような考え方に沈潜できない人は、高次の認識に到るのに必要な慈悲心（博愛）を自分の中に育てることができない。」[14]

世界のあらゆることに帰依し、感謝の気持ちを養い、慈悲心を育むのでなければ、人間としての高次の、あるいは本来の超感覚的認識に至ることはできない、というのです。

それでは何故、高次の認識を得る必要があるのかと言えば、人類とはそのような使命を帯びた存在である、というのがシュタイナーの答えです。

シュタイナーは第二章の5でも触れた三段階の修行を正しく行えば、誰でもある程度の霊界参入が許されると説いています。その三段階とは準備の段階、開悟の段階、霊界参入の段階です。

そして、霊界参入には試練が待ち受けています。その第一の試練は「火の試練」と呼ばれるものですが、それを経たあと、修行者は「そこから立ち戻り、物的な面でも、魂的な面でも、力強さを得て、人生を継続する。霊界参入の過程は来世においてはじめて継続されることもある。しかし現世においては以前よりも、もっと有用な社会の一員となる。どんな状況においても、何ものにも惑わされぬ彼の見識、周囲の人へのよき感化力、ゆるぎない決断力を彼は今まで以上に示す」[15]とシュタイナーは述べています。

これはいわばシュタイナーの還相廻向の風景ですが、その特徴は人間の進化という概念と輪廻転生という概念が組み合わさっていることです。今日、修行して霊界に参入するということは、そうでなければはるか未来において何度も輪廻転生を経た末に獲得される事柄を、この世で経験するということであり、それは人生の意味を知る道であるとシュタイナーは述べています。(16)

才市や親鸞には人類や人間の進化という世界観は見られません。輪廻は進化の行程を形成するものではなく、積極的な意味のない否定すべきもの、一刻も早く脱すべきものです。そのような立場においては、還相廻向しても、それは人々を救い出すためであって、現世の生活そのものを支援するためではありませんし、現世が肯定されなければ社会の発展や歴史は問題になりません。

衆生済度の面における才市や親鸞とシュタイナーとの決定的な違いは、現世の地上生活に積極的な意味を認めるかどうかにかかっていると言えそうです。「どんな場合にも、人間の使命はこの地上に求められねばならない」というシュタイナーの認識が正しいのか、あるいは「火宅無常の世界は、よろづのこと、みなもつてそらごとたはごと、まことあることなきに、ただ念仏のみぞまことにておはします」という親鸞の認識が正しいのか、ということが問題になります。

しかし、抽象的な議論に陥らないようにしなくてはなりません。体験にこそ意味があるというのが才市や親鸞の立場でもあり、シュタイナーの立場でもあります。それは宗教あるいは霊学一般の立場です。

そのような観点からすれば、前章の6でも触れたように、才市の「みんな一つ」という統一的世界観が十分に統一的であるかどうかが問われます。これは、霊性的直覚は分別智の世界で肯定され経済生活や政治生活など社会生活全般を導くものでなければならないという、冒頭に述べた大拙の問題意識と重なります。

例えば、文化の発展を否定し、一文不知に徹することを過度に重視することが、私たちがいま取るべき態度なのかどうかが問われなくてはなりません。(17)

それに対してシュタイナーは絶対帰依・絶対肯定の統一的世界観の立場に立ちます。その一つの側面が「どんな場合にも、人間の使命はこの地上に求められねばならない」という認識です。自分の内なる本性の不完全さは「この世の現実の中でしか、完全にすることができない……なぜなら自己のこの本性を育成しうる機会は、他のどんな世界の中にも存在しないからである」「感覚的に把握しうる世界の本当の価値が、修行以前よりも、もっと深く認識でき、評価できるということは、霊界に参入した者の体験内容のもっとも重要な部分である」「不可視の世界を意識化しうるための霊的洞察力、『高次の』世界のための視力は、『低次の』世界での諸体験を通してこそ、次第に形成されていく」「超感覚的世界は感覚世界への移行を必要とした。……感覚的な領域の中で必要な能力を発展させえた存在が現れたときはじめて、超感覚的世界もさらに前進する。そしてそのような存在こそが人間なのである」とシュタイナーは述べています。(18)

そこで、シュタイナーの社会問題への取り組みに目を向けてみたいと思います。

3　シュタイナーの衆生済度――社会問題への取り組み

シュタイナーは第一次世界大戦（一九一四～一九一八年）を契機として社会問題に本格的に取り組み始めました。

シュタイナーがそこに見たのは、法律・政治、精神・文化、経済という社会を形成する三つの領域の不適切な混合によって生じる絶えざる危機の可能性です。

第一次世界大戦の根本的原因は国家が経済的帝国に変貌し、精神生活をもその中に取り込んだことにあるというのがシュタイナーの認識でした。経済と政治が絡まり合う一方、精神的・文化的状況に対する無理解が生じ、スラブ文化とゲルマン文化との対立をもたらしたというのです。[19]

以上のような危機感を背景として、シュタイナーは第一次世界大戦勃発後すぐに活発な活動を始めています。開戦直後の一九一四年八月にはドイツ帝国陸軍参謀総長モルトケの要請を受けて会談し、一九〇五年からは「精神科学と社会問題」と題する講演を各地で行いました。[20]戦争末期の一九一七年八月にはドイツ帝国外相キュールマンに直談判し、オーストリア帝国首相アルトゥールに上申書を提示して、三分節化された社会の可能性を平和目標として内外に向けて緊急提言するよう訴えもしました。[21]

この試みが空しい結果に終わると、一九一八年からシュタイナーは一挙に超人的な活動に着手します。多数の連続講義と連続公開講演、社会論の主著『現代と未来を生きるのに必要な社会問題の核心』（以下『社会問題の核心』）の執筆、「社会有機体三分節化」および「社会の未来」という二つの雑誌の創刊と多数の寄稿、「社会有機体三分節化同盟」の設立、自由ヴァルドルフ学校の創設などが、一九一八年から一九一九年にかけ短期間に一気に行われました。(22)

一九一九年三月には「ドイツ民族と文化世界に訴える」と題するアピールをヘルマン・ヘッセなど多くの著名人の賛同の下に発表して大きな反響を呼び、四月に刊行された『社会問題の核心』も年内に八万部を売り尽くすほど人々の関心を集めました。(23)

この『社会問題の核心』は日本でも一九二二年三月に英訳版からの邦訳が大日本文明協会（大隈重信の主唱で設立）から早稲田大学教授・浮田和民の校閲で出版され、大川周明を始めとしてかなり多くの人々に影響を及ぼしたものと見られています。(24)

しかし、シュタイナーの社会三分節化運動は以上のように多くの注目を集めながらも見るべき成果を上げることなく挫折してしまいます。敵対勢力からの攻撃も激しくなりますが、その代表的人物がヒトラーの師ディートリヒ・エッカルトであり、ヒトラー本人でした。(25)

さて、シュタイナーが直面した第一次世界大戦前後の社会的状況、それに対するシュタイナーの実践的態度及び直面した困難などについては他の文献に譲り、(26)本書としては、シュタイナーは何を社会問題の核心と見たのか、それは現在の私たちの社会にとってどのような意味をもつのか、という点に注目してみたいと思います。

〈社会三分節化論〉

まず、シュタイナーが社会問題の核心と見たのは、法律・政治、精神・文化、経済という社会を形成する三つの領域の不適切な混合でした。

この場合も、シュタイナーの歴史的観点に留意する必要があります。つまり、シュタイナーは社会問題の普遍的論理や構造の分析に関心があるのではなく、現代に特有の社会問題に取り組んでいるのです。社会三分節化は永遠の普遍的摂理というより、現代に特有の歴史的要請である、という理解です。例えば、「昔の社会本能は、この三分野が当時の人間本性にふさわしい仕方で、社会全体の中に組み込まれるように配慮していた。今の私たちの社会意識は、目的を意識した社会意志によって、この三つの生活分野を三つに分節化しようと努めねばならない。……現代の社会思想の多くの中には、まだ昔の本能が生きており、そのことが時代の要請に対して、この思想を弱いものにしている。現代人は、多くの人が考える以上に徹底して、もはや生命力を持たなくなった古い本能から抜け出ようと欲しているのだ」とシュタイナーは述べています[27]。

シュタイナーの社会三分節化論はドイツ語圏に止まらず英語圏でも日本でも注目を集めたとはいえ、はたしてシュタイナーの真意が正しく理解されたかというと、疑問が残ります。高橋巖が『社会の未来』の「訳者の解説とあとがき」で指摘しているように、『社会問題の核心』の英訳が〝The Threefold State〟で、それを『三重国家論』と訳したところに既に誤解が認められます。

ただし、それによってシュタイナーと大川周明との間に国家をめぐって大きな見解の相違が生じたということではなく、邦訳者と大川との間にすでに認識の一致があったと見るべきでしょう。

大川の認識が、「国家は社会そのもの、内に生命を宿した国家有機体であり、その中で精神生活、政治生活、経済生活がいとなまれる。したがって、国家が政治や精神や経済を規制することはありえても、精神や政治や経済が国体を変化させたり、国家を否定したりすれば、自己を否定することになってしまう」というものであったとすれば、シュタイナーが問題としたのはまさしくそのような国家観であったと思われます。

つまり、そこにあるのは、社会と国家の混同、政治と経済と精神の不適切な混合です。はたして、現在の私たちの社会観や国家観はどうでしょうか。そのような問題意識をもってシュタイナーの主張に耳を傾けてみたいと思います。

シュタイナーは、フランス革命で掲げられた自由、平等、友愛という三つの理念の背景には社会三分節化への無意識の衝動があったとして、次のように述べています。「一八世紀の末に自由、平等、友愛の三つの理想の実現を声高らかに要求した人びと、そしてその後もその要求を繰り返してきた人びとは、近代における人類の進化がどこを目指しているのか、漠然とではあっても感じ取り、それによって、統一国家への信仰を克服した。統一国家にとっては、この三つの理念は矛盾を意味していた。しかし人びとがその矛盾したものをあえて信じようとしたのは、彼らの魂の無意識の奥深くで、社会有機体三分節化への衝動が働いていたからである。この三分節化においてこそ、彼らの三つの理念が高次の統一に到ることができる。この三分節化へ向かって進もうとする力を意識的な社会意志にすること、そのことを現代の社会的諸事実は強く求めているのである。(28)」

自由・平等・友愛という三つの理念が統一国家にとって矛盾を意味しているということは、先の大川の考えのように、国家の下で精神生活・政治生活・経済生活が正常に営まれる、という可能性はないということです。

「統一国家への信仰を克服した」というのは、統一国家と三つの理念との矛盾を、それが漠としたものであれ、それまでの統一国家の概念ではなく、それよりも高次の統一概念によって克服したということです。

この場合に重要なのは、これから向かうべき人類の進化の道筋であり、いま直面している時代の要求です。問題は古来の伝統ではなく、現在の時代の要求です。

高次の統一概念に基づく社会有機体の三分節化の実現を意識的な社会意志として推し進めることが求められている、というのがシュタイナーの認識でした。

今から約一〇〇年前のシュタイナーの議論が今でもなお有効かどうか、単なる思想としてではなく、私たちの日々の生き方の問題として検討しなくてはなりません。

シュタイナーは、安易な態度には警鐘を鳴らしつつも、社会有機体の三分節化という概念を人間に類比させて説明しています。(29)

人間有機体が頭部系（神経と感覚の働きにかかわる）、律動系（呼吸と血液循環にかかわる）、代謝系（新陳代謝と運動機能にかかわる）に三分節化されて機能しているように、社会有機体も三分節化されて生命を維持している、というのがシュタイナーの理解です。

社会有機体の三分節は、経済生活（人間と物質との関係にかかわる）、法と政治生活（人間と人間の関係にかかわる）、精神生活（人間の個性と社会との関係にかかわる）から成ります。

しかも「近代は、意識的な態度で社会有機体の中に身を置くことを人びとに求めている。……近代人は魂の無意識の深みにおいて、この三分節化を求めてきた。近代の社会運動は、不明瞭ながらその求めに応じようとしてきた。すなわち、一八世紀の末に今日のわれわれの生活基盤とは別の地盤から、人間本性の深い地下から、人間的な社会有機体を新しく形成しようとする呼び声が、聞こえてくるようになった。この新しい社会形成のモットーとして、友愛、平等、自由という三つの社会理想が掲げられた」というのがシュタイナーの認識です。(30)

「意識的な態度」は現代人に対する時代の要請である一方、フランス革命で掲げられた「友愛、平等、自由」という相互に矛盾する理念には人間の本性に基づく深い根拠があるのであり、その矛盾を解決して社会有機体の健全な統一を回復するために求められているのが三分節化だというのです。

時代が三分節化を求めているということは、解決すべき問題として不健全な統一状態が存在するということです。

それがこの節の冒頭で述べた、絶えざる危機の原因をなす、社会有機体の三領域の不適切な混合という問題です。

それでは、単純に三つの領域を相互に引き離して分節化すれば問題が解決するかといえば、そうではありません。三つの領域を分節化するのはそもそも健全な統一を回復するためです。しかし、分節化と統一化は相互に矛盾しています。

この矛盾を打破するのが高次の統一です。時代が社会有機体の三分節化を求めているということは、この高次の統一を求めているということです。

三分節化は抽象的概念としては理解し易く見えるかもしれません。しかし、それと対をなす高次の統一という概念を具体的に捉えることは容易ではないでしょう。

ここで重要なのは抽象的な思想や理論ではなく、実感の共有が求められているという点です。

この場合、シュタイナーの立場は、高次の統一の具体的ビジョンが先にあって、それを目指して三分節化を推し進めるというものではないことにも留意しなくてはなりません。それは、「何が起こるべきかを理解している人々がいれば道はできる」「三分節の意味を本当に理解し、それを欲すれば、どの生活時点からでも始めることができる」というものです。[31] また、シュタイナーは三分節化論が完全で、すべて絶対に正しいと主張しているのでもありません。[32]

〈プラトンの『国家』との比較〉

シュタイナーは自らの社会有機体三分節化論とプラトンが『国家』で描いた世界観との違いを説明しています。[33] シュタイナーの三分節化論の理解に役立つと思われるので、簡単に見ておきましょう。

シュタイナーがそのような説明を行ったのは、三分節化論をプラトンの説の蒸し返しにすぎないとする誤解があったためです。つまり、三分節化論は、プラトンが社会有機体の人間を「食糧生産階級・軍人・教師」という三つの身分に分けたのに準じて、教師を精神有機体に、軍人を国家・法律有機体に、食糧生産階級を経済有機体に、それぞれ変更したにすぎないという解釈です。

それに対してシュタイナーは、階級や身分といった区別は人間にふさわしくないものであり、それはかえって社会有機体の分節化によって克服されるべきものだと答えています。

そして、そのような誤解が生じる原因を次にように分析しています。「今日、人間はビジネスマン・政治家・産業人・営農家として道徳的・美学的・学問的・宗教的な世界観を持つことができ……そのかたわら、自分の職務や経済活動（の管理など）を行い……双方が並行しています。……それは、私たちが今日なお精神生活の領域で、今日とはまったく異なった社会状況から生まれた古代ギリシアの精神生活を継続しているからです。……完全な人間にふさわしいのは、働かずに、政治だけを気遣い、せいぜい農業などを監督することだ、ということにギリシアの精神生活は基づいています。労働する者は、考慮すべき人間には属していませんでした。……ギリシアの精神生活は、多数の人びとの『下部教養』の上に築かれた『上部教養』です。多数の人々は精神生活に関与できず、ギリシアの精神生活を共にしていませんでした。精神生活についてのこの見解が、私たちの感情のなかに残っています。……例をあげましょう。一九世紀中葉に、人々は自分の宗教的・倫理的世界観から、隣人愛・同胞愛について考え……イギリスにおける鉱山労働の害について統計を取り……九歳・一一歳・一三歳の子どもたちが日の出前に炭坑のなかに入り、日没後に出てきていることが明らかになりました。……一週間ずっと日光を見ず、日曜だけ見たのです。このようにして掘り出された石炭で部屋を暖め、知識階級は同胞愛・隣人愛について世事に疎い世界観を議論し、倫理的な見解を述べました。……このような精神生活は、世間知らずの精神生活です。このような特徴が、根本的に私たちの精神生活全体に浸透しています。……抽象的な精神生活と、外的な具体的現実とのあいだに大きな溝があります。」

引用が長くなりましたが、シュタイナーの三分節化の立場が現在の私たちの生活にもかかわるものとして多少とも実感できるのではないでしょうか。三分節化とは、それ自体が目的なのではなく、分節化したものを新たに結び付け、「社会的な組織を、人間という基盤の上に据えること」を目指すものです。

シュタイナーはまた、「人間は階級として、身分として、社会的に区別されるべき存在ではない。社会有機体そのものの区別がここでは求められている。人間社会は、まさにこの区別によって、真に人間的な社会であることができる。なぜなら、人間の生命そのものが三分節化された生体に基づいているように、社会の生命も社会の三分節化に基づいている（のだ）からである。……人間生活の基盤である社会有機体は、三分節化されており、そして誰でもがこの三分節化の結合帯なのである」とも述べています[34]。

〈経済と政治の混同〉

経済生活と法生活とが混同されている典型的な例としてシュタイナーが挙げているのが、当時のオーストリアの選挙制度です[35]。国会議員の選出が、大地主、商工会議所、市場を形成する都市と工業地帯、農村という経済生活の四つの区分に基づいて行われるということは、法生活が経済情勢に左右されざるを得ないことを示しているが、それは社会有機体を単一体として把握しようとする思考習慣が身についてしまったためであり、経済的関係と法的関係との対立を回避し得るような選挙方式はない、経済生活と法生活との徹底的な分離が緊急の課題になっている、というのがシュタイナーの指摘です。

社会有機体を単一体として把握することと、社会有機体の健全な統一との違いを理解するには人間との類比が役立つかもしれません。人間を心身一如として捉える立場があります。それに対して、人間は物質的身体、エーテル体、アストラル体、自我（個我）という大きく四つの要素に分けることができるというのがシュタイナーの立場です。社会有機体を単一体として捉えることは、人間を心身一如として捉えることに相当するでしょう。

また、経済生活と法生活の分離といっても、経済組織の活動には法的基礎がなくてはなりません。それを用意するのは法組織です。個人が経済体制に組み入れられても権利が侵害されたと感じずにすむような法的秩序が整っていなくてはならない、自然が経済活動の基礎をなす諸条件を形成しているように、経済領域における権利関係は、経済活動の圏外にある国家などの法組織によって導かれねばならない、というのがシュタイナーの考え方です。

〈精神生活の独自性〉

国家が「自由な学問」や「自由な教育」に対する管理を当然のこととして、精神生活を国家の目的に奉仕させていることに人びとが気づかなくなっているけれども、社会有機体では精神生活がそれ独自の衝動に基づいて自主的に機能しているのでなければならないのであり、精神領域は物質生活以上の現実であって、芸術や学問や世界観などに関連のあるすべてのものが人間社会の中で自主的な立場を求めている、とシュタイナーは指摘しています。(36)

このような指摘の背景には、人間の本質はその物質生活ではなく、精神生活にあるという認識があります。

シュタイナーは人びとの間に二つの思考習慣が並存していることに注意を促します。精神的な衝動と日常生活との間に橋を架けることをせず、いわば神的・霊的な高みに身を置こうとする一方で、何も考えずに日常生活を送っているけれども、人生は統一的なものなので、倫理的・宗教的な生活からもっとも日常的・世俗的な生活に至るまで、生きた精神生活を下降させるのでなければ人間は充実した人生を送ることができない、というのです。これは、先に触れたシュタイナーの説がプラトンの『国家』の焼き直しにすぎないとする誤解にかかわる問題です。

シュタイナーは「今、必要なのは、精神生活の働きによって、社会有機体を健全化するための基準を見出すことなのである。そのためには、生活の片手間に精神と取り組むだけでは十分とは言えない。大切なのは、日常の在り方そのものが精神的になることである」とも述べています。(37)

そこには、精神生活の問題は社会問題の核心であり、その中心をなすのが教育問題であるという認識があります。

〈教育問題〉

シュタイナーは『社会問題の核心』の「まえがきと序論」で、「教育問題、精神問題は、社会問題の根本にある。それがわからなければ、社会問題そのものがわからなくなる」「われわれの公共生活の混乱は……精神生活が国家と経済とに依存していることによるのだ。このことを明示するという、今日あまり歓迎されない課題を、本書は引き受けなければならない。そしてこの依存から精神生活を解放することが、極めて緊急な社会問題の一部分を構成していることも明示しなければならない」、また「国家制度の内部で精神生活は自由を獲得するようになったが、教育に完全な自己管理が許されなければ、これからの精神生活は……本当に自由に生きることができない」「国家や経済生活に役立つために設けられた学校施設や授業内容も、自由な精神生活の担い手たちによって管理されることが、本書の立場からは望ましい」と述べています。

「精神生活が国家と経済とに依存している」という状況は今日にも当てはまるのではないでしょうか。シュタイナーの指摘や議論は今もなお少しも色あせていないと思われます。

もし「教育者は生活にうとくて、非実際的な人間である」という偏見がまかり通るなら、実際の人生に役立つべき教育制度を教育者が自ら用意することが許されなくなり、それは「実際生活の中にいる人の手で作られる」ことになって、「教育者は、与えられた指導要領に従って働かねばならなくなる」。それによって教育者は本当の非実際家になってしまい、「そのような教育者では、真の実際家を社会に送り込むことなどできないであろう」。このようなシュタイナーの問題提起も決して古くなってはいないでしょう。

しかし、ここで問題なのは「実際的」ということの意味です。シュタイナーは、「頭で考え出した経済方式によって社会問題を『解決』しようとする人は、本書を実際的だとは思わないであろう。生活経験に則って社会問題を深く認識しつつ、その解決にみずからを捧げることのできる人は、真の実際生活へ向かおうとする筆者の努力を多分否定したりはしないであろう」と述べています。「生活経験に則って社会問題を深く認識しつつ、その解決にみずからを捧げることのできる人」というのはシュタイナー自身のことでもあるでしょう。

「実際的」という言葉は使う人の立場によって意味が異なります。「生活の実践を通して考える人は、個々の目標が様々な形をとって現れることを知っている。抽象的な思想の中で生きている人だけに、すべてが明確な輪郭をとって現れる。そのような人は、生活実践的なものをしばしば非難するが、それが『はっきりとした』輪郭をもっていないと思うからである。自分を実際家、実務家と思っている人の多くは、そのような抽象的な合理主義者なのである。そういう人は、人生が多様な形をとって現れる、とは思っていない。人生は流動する。その流れを共にする人は、自分の知性と感性をも、流動する特徴に合わせせなければならない。社会的課題はそうすることによってのみ把握されうる」というのが、シュタイナーの立場です。これは先に述べたように、現実に対する絶対帰依、絶対肯定の立場ということができるでしょう。

私たちも「抽象的な合理主義者」の立場を廃して、「生活の実践を通して考える」立場に立つことが求められているわけですが、妙好人・才市の立場は言うまでも無く後者に当たるでしょう。

〈裁判制度〉

三分節化された社会では裁判は国家制度から切り離される（ただし判決の執行は国家の役割）というのがシュタイナーの考え方です。国家制度としては個人または集団の間に定められた法律を遵守する義務を人びとは負っているが、裁判そのものは精神生活の領域に属しており、正しい裁判は裁判官が被告の個人的状況に対する感受性や理解力を具えていることに大きく依存している、というのがその理由です。

シュタイナーが構想した裁判制度の条件は次のようなものです――精神生活領域の管理組織がさまざま職業や身分の裁判官を任命することができる、任命された裁判官は一定の任期が終われば元の職場に復帰する、誰もが一定の範囲内で自分が信頼している人物を五年あるいは一〇年を任期として裁判官に選出することができる、その人物が任期中に下す民法上・刑法上の判決を人びとが受け入れる、人びとはすべての居住区で十分な数の裁判官を選出することができ原告は常に担当する裁判官を見出すことができる、法律に関する専門知識が必要な場合は精神生活領域の管理組織によって選出された法律に詳しい役人が補佐するが判決そのものには関与しない、控訴審も精神生活領域の管理組織によって設けられる。

シュタイナーは、裁判官が被告の生活習慣や感じ方を身近に知り、生活環境を知ることが本質的に重要なことである一方、裁判制度においても、他の諸制度の場合と同じく、それを通じて人びとの社会的理解力を促すものでなければならない、と考えていました[38]。

またシュタイナーは、三分節化という考え方を生み出す実践的な世界観を発展させると、刑罰の必要性は小さくなる、なぜなら刑罰は社会有機体全体の構造と密接に結び付いており、今日の刑法はもともと社会的弱者が圧迫されている状況において生れたものだから、とも述べています[39]。

〈精神生活と国家〉

シュタイナーは精神生活と国家との関係について次のように論じています[40]――国家共同体における法的人間関係と対比し得るものは死後の霊界における人間関係であり、両者は正反対の関係にある。国家に関する真の認識はこの対比によって得られるのであり、霊界のことを理解しようとしない者は国家のことも理解できない。人と人は法的には相互否定的に結び付くのに対して、魂と魂の結び付きは相互肯定的である。内面的な共感と反感に基づく魂間の関係は地上から霊界へと引き継がれるが、地上ではその関係が身体性によって覆い隠されており、国家においてはそのもっとも外面的な法律関係によって代替されている。国家の健全な姿はもっとも外面的な法律関係だけを作り上げようとするところにある。本来の国家は霊界の対極を意味しており、精神生活は私たちが地上に生を受ける以前の霊界における生活の一種の継続を意味している。国家は精神生活の反対物であり、第一次世界大戦を経験した現在の恐ろしい現実を理解しようとするならこのことを見通すことができなくてはならない。私たちがこの世で言語を通して理解し合い、精神の絆を結ぶことを学ぶのは、霊界からこの世まで持ち込んだ反感を克服するためであり、私たちが観念を共有したり、共通の思想や芸術や宗教を育てたりするのも、同じく霊界から持ち込んだ反感を克服するためである。また、私たちが地上の経済生活の中で互いに信頼し合うこと、協同して働きながら互いに経済的利益を分かち合うことを学ぶのは、通常のカルマによっては地上で結び付くことのない魂と魂との間に、死後霊界で新たに共感の絆を築くためである。

シュタイナーがここで述べているのは、三分節化と輪廻転生との関係です。シュタイナーは地上世界と霊界の双方を含む統一的立場を取りますから、霊界のことが理解できなければ地上の国家のことも理解できないというのはある意味で当然です。

しかしながら、シュタイナーが強調しているのは国家における人間関係と霊界における人間関係が対極にあるという点です。しかも、単に対極にあるというのではなく、健全な国家は本来そうあらねばならないというのです。それが三分節化における理想的な国家の姿です。

この対極関係には二重の意味が含まれています。一つは、地上の国家の下での人間関係と霊界における魂と魂との関係という対極関係です。もう一つは、内面的な魂と魂との関係と法律に基づく外面的な人間関係という対極関係です。

この二重の対極関係を結び付けているのが輪廻転生です。地上生活における魂と魂との内面的関係は身体性によって覆い隠されているとはいえ消失するわけではありません。霊界では魂の生活が営まれ、地上では魂による内面生活ないし精神生活と身体的な外面生活がともに営まれます。法律関係によって代替されるのはその外面的な人間関係の部分にすぎません。

第一次世界大戦という恐ろしい現実を克服するには、国家は精神生活を代替するものではなく、その対極をなすものであるという認識がなくてはならない、というシュタイナーの訴えは切実です。その後、第二次世界大戦を経験して今日に至ったわけですが、人びとの認識は変化したのでしょうか。

残念ながら、反感を克服して精神の絆を結ぶことこそが地上生活の意味であり、三分節化された経済生活に求められる信頼や友愛の意味は霊界において魂と魂との新たな絆を築くことにある、というシュタイナーの訴えはいまなお人びとが耳を傾けるのを待っているように思われます。

【注】

（1）鈴木大拙『妙好人』（法藏館）「一　妙好人」の「1」。

（2）鈴木大拙『日本的霊性』（岩波文庫）二三二頁。

（3）同前、二三二頁、傍点は引用者。

（4）鈴木大拙編著『妙好人浅原才市集』（春秋社）「まえがき」七頁。弥陀が才市に仮託するという点については、次のような詩もある。「如来さん、あなた、わたしにみをまかせ、／わたしや、あなたに、こころとられて、／なむあみだぶつ。」なむあみだぶつにおいて、心も身も機法一体である。

（5）鈴木『日本的霊性』二〇九頁。

（6）神英雄「石見の妙好人」林智康・井上善幸・北岑大至編『東アジア思想における死生観と超越』（方丈堂出版）所収。

（7）柳の才市評は的を射ていると思われるので、少し長くなるが引用しておきたい。「妙好人はとかく往相廻向の面が強く、還相廻向の面に乏しいといわれる。往相廻向とは往生浄土を慕い求めることであり、還相廻向とは、浄土を出てこの世を済度する用き《はたら》である。才市の如きを想うと、この批評が当たっていないとも限らぬ。余り法味が深いために往相に浸ってしまうのである。もっとも往相が即ち還相であるというべきであろうから、還相のない往相は考えられぬ。しかしいずれかに傾く傾きはあろう。概して妙好人は往相の廻向に多忙なのである。才市は彼の信心を自らのうちに向け、独り喜びに深く浸った。それだけに内面的な思索に深いものがあった。が同時に他に交って市井に入り、済度の希《ねが》いを果すことが稀であった。だが源左は対蹠《たいしょ》的であった。彼は才市が書いたような仮名すら書けなかった。かくして文字の道を通して思索する機縁を持たずに終った。だが彼は動的であった。（中略）才市が常に自らと会話し、自問自答していたのに対し、源左は好んで他の人々と語らい合った。」（寿岳文章編『柳宗悦　妙好人論集』（岩波文庫）二三九頁）

（8）『歎異抄』後序、『浄土真宗聖典（註釈版）』（本願寺出版社）による。

（9）シュタイナー『いかにして超感覚的世界の認識を獲得するか』（ちくま学芸文庫）二五〇頁。

（10）同前、二二七頁。

（11）同前、二一七頁。

（12）浄土真宗教学研究所編纂『浄土真宗聖典　歎異抄（現代語版）』（本願寺出版社）による。

（13）シュタイナー『神智学』（ちくま学芸文庫）一九六〜七頁、強調は原著者。

（14）シュタイナー『いかにして超感覚的世界の認識を獲得するか』一三一頁、強調は原著者。

（15）同前、九四頁。

（16）同前、九一頁。シュタイナー『神秘学概論』（ちくま学芸文庫）四四三頁。

（17）この点については序章の注33参照。

（18）シュタイナー『いかにして超感覚的世界の認識を獲得するか』二四二・二四三・二四四頁、強調は原著者。
（19）以上、シュタイナー『シュタイナー　世直し問答』（風濤社）二四～九。
（20）小杉英了『シュタイナー入門』（ちくま新書）一七七頁。シュタイナー『シュタイナー経済学講座――国民経済から世界経済へ』（筑摩書房）の西川隆範による「訳者あとがき」。
（21）小杉、前出、一七七頁。
（22）以上、シュタイナー『社会の未来』（イザラ書房）の高橋巖による「訳者の解説とあとがき」。
（23）小杉、前出、一七九～八一頁。
（24）シュタイナー『社会の未来』高橋巖による「訳者の解説とあとがき」。河西善治『京都学派の誕生とシュタイナー――「純粋経験」から大東亜戦争へ』（論創社）二八九頁以下。
（25）小杉、前出、第七章など。
（26）小杉、前出、第六章など。
（27）シュタイナー『シュタイナー　社会問題の核心』（春秋社）vi～vii頁。
（28）同前、六〇頁。
（29）同前、三〇頁以下。
（30）同前、五八頁、強調は原著者。

（31）シュタイナー『シュタイナー　世直し問答』五二頁。
（32）例えば、シュタイナー『社会問題の核心』一六〇・一六六頁。
（33）シュタイナー『シュタイナー　世直し問答』四四頁以下。
（34）シュタイナー『シュタイナー　社会問題の核心』一〇八〜九頁。
（35）以下、同前、四四〜七頁。
（36）同前、五一〜三頁。
（37）以上、同前、七二〜四頁。
（38）以上、同前、一〇六〜八頁。
（39）シュタイナー『シュタイナー　世直し問答』五五頁以下。
（40）シュタイナー『社会の未来』「訳者の解説とあとがき」に引用されている『意識問題としての社会問題』より。

第六章　因果道理と輪廻

因果道理ときき系て（聞いて）見れば、
ものわ云系ない。
あさましや。
これが地獄の種子となる。

1　大拙の解釈とその問題点

大拙はこの才市の詩を次のように解釈しています。「因果などいっている限りは、無明の借金は払えるものでない。それは地獄への種子蒔きに外ならぬ。……この天地に充ちている因果を超越する唯一の方法は、因果の彼方から来るより外ない。即ち他力である。そうしてこれほど自然なものはない。何故かというに、そこには因果とか論理とか計らいとかいうものが絶対にないからである。因果は必然で、自然でない。知性は必然の世界を見るが、自然の世界を窺い得ない。宗教は必然から出て自然に入る時生れる。しかし、それは必然を無視するのではない。必然は必然として、そこに本来自然の消息に接するのである。……因果を跳出せず、必然に停滞する限り、すべては、悪ならざるはない。虚仮ならざるはない。」(1)

大拙はまた別のところでも妙好人・道宗《どうしゅう》の逸話を取り上げ、因果について論じています。(2)

道宗とは蓮如上人（一四一五〜一四九九）の弟子で、上人の警護にも当たった越中（富山県）の人ですが、その逸話とは次のようなものです――ある近村の和尚が道宗を試してみようと、道宗が草取りをしているところを後ろから蹴飛ばした。すると道宗は顔色も変えずに起き上がり、再び草取りを始めた。もう一遍やってみたがやはり同じことだった。そこで和尚が道宗にその訳を尋ねると、「前生《ぜんしょう》の借金払いだ。まだまだあるのかもしれない」と答えた。

これに対して大拙は次のように解説しています――前生の借金払いという思想は三世因果の説から来たものであろうが、それが借金払いの形で受け取られるのは中国でのことと見られる。禅宗第二祖の慧可《えか》にもそのような言葉があったほか、『金剛経』を重んじる禅ではよく「業を尽くす」ということが言われる。『金剛経』には「若し善男子善女人《ぜんなんしぜんにょにん》にして、此の経を受持読誦《じゅじどくじゅ》して、若し人の為に軽賤《きょうせん》せられんに、是の人は先世《せんぜ》の罪業《ざいごう》もて、応《まさ》に悪道に堕すべきを、今世《こんぜ》の人に軽賤せらるるを以ての故に、先世の罪業則ち為に消滅して、当《まさ》に阿耨多羅三藐三菩提《あのくたらさんみゃくさんぼだい》を得べし」とある。我らはいずれも借金を背負っており、それはいつか払われなければならないが、借金とはこの存在（個己）そのもののことである。したがってこの存在はいつか覆滅させなくてはならないのであり、我らはいつか個己から超個己への飛躍を成し遂げなくてはならないのである。この飛躍が往相廻向であるが、往相は即ち還相である。また、借金を払うというのは個己の意識の上の話であり、事実としては借金もなければ借用人も受取人もいない。借金と人と共に超個の法界に頭出頭没《ずしゅつずぼつ》するのである。仏者はこれを遊戯三昧《ゆげざんまい》とも法界縁起とも言う。しかし個己の存在としての業は尽くされなくてはならない。道宗は実にこの業を尽くすという点において果敢を極めた人であった。とにかく我を尽くさなくてはならない。我が障害である。前世の借金である。この繋累《けいるい》の故に超個己の一人になることができない。霊性的直覚に目覚めるわけにはいかないのである。

以上のような大拙の理解は、才市を理解する上で、さすがに大いに参考になります。しかし、才市の詩と道宗の逸話についての解説を比べると、疑問も残ります。

まず「因果などいっている限りは、無明の借金は払えるものでない」という点です。ここには矛盾があります。なぜなら、一方では因果を超えなければ借金を払うことができないのに、他方では因果の世界における「個己の存在としては業は尽くされねばならぬ」からです。この矛盾を解かなければ「業を尽くすという点において、果敢を極めた」道宗についても、冒頭の才市の詩についても、十分には理解できないと思われます。

問題は、「事実は払われる借金もなければ、払う借用人もなく、またそれを受取るものもない。借金と人と共に超個の法界に頭出頭没するのである。仏者はこれを遊戯三昧とも法界縁起とも言う」ということと「個己の存在としては業は尽くされねばならぬ」ということとの関係であり、同じく個己と超個己との関係、必然と自然との関係です。

問題の核心はそれらが一見したところ二元論的に扱われていることにあると思われます。「必然は必然として、そこに本来自然の消息に接するのである」の「接する」が問題です。二つのものが接するときには両者が存在する共通の場がなくてはなりませんが、その統一的、一元論的な場が明確ではありません。

「霊性的直覚」も「超個己の一人」の立場であり、それは個己をも含めた一元論的直覚を指すものではないと考えられます。「往相が即ち還相で、その間に回互《えご》的関連がある」という場合にも、往相と還相が成り立つ統一的な場がなくてはなりませんが、その点が必ずしも明確に意識されていないように見えます。

このように、大拙においては、個己と超個己あるいは必然と自然が統一的にではなく、いわば二元論的に意識されているような印象を受けるのですが、この点については西田幾多郎の「その源泉を印度に発した仏教は、宗教的真理としては、深遠なるものがあるが、出離的たるを免れない」[3]という指摘が当てはまるように思われます。

一方、大拙の才市・道宗理解は的確だと思われます。それは、大拙の問題は才市や道宗の問題でもあったことを意味します。

才市は次のようにも詠っています。

いんがどおりわ（因果道理は）かねもの（兼ねもの）よ
ほ（法）をよろこぶ太ね（種）仁なる[4]

才市にとって因果道理は、第一章の5と第四章の6で取り上げた煩悩の問題に等しいと思われます。それは堪えるべきものでもあり、往生の種でもあります。

いんが（因果）がはゑ太（生えた）いんががはゑ
太よいんがのどをり（道理）わ（は）
こらゑにや（堪えにゃ）ならの（ならぬ）や
いんがのむくい（報い）よ
なむあみ太ぶでこらゑても
らうよ[5]

因果道理に堪えるのは、輪廻転生を経てなむあみだぶにおいて阿弥陀仏に出会い往生するまでのことです。

さいちゃしやわせ（仕合せ）正上せせ（生生世世）のはつごと（初事）
よろこばせてもらう
なむあみ太ぶ仁でよ太（出おうた）しやわせ
なむあみ太ぶ仁てをを上（往生）する[6]

他方、道宗の場合は、因果道理の受け止め方が才市より肯定的です。因果の報いを前生の「借金払い」と捉えています。これは三章の注6で言及した有福の善太郎の場合も同じです。

とはいえ、才市においても、道宗あるいは善太郎においても、因果道理を将来における宿善の可能性と捉える視点はないようです。因果道理を積極的に生き抜く姿勢が見られないこと、それが二元論的に見える大拙の立場の問題でもあったと思われるのです。

その点で好対照をなすのは道元の立場です。それはシュタイナーのカルマ（業）の立場によく似ています。まずシュタイナーのカルマ論を見てみましょう。

2　シュタイナーの霊性的統一的カルマ論

シュタイナーが説くカルマ（業）の概念は次のようなものです。[7]
それは第一に「霊的な因果法則」のことです。一般の科学的法則ではなく、霊的な世界における法則であるという点が基本です。

大拙の場合は、因果の問題を、他力自然の世界に対する必然の世界のこととして、無明・知性・悪・虚仮の世界に属することとして捉えていましたから、この点でシュタイナーの立場とは根本的に異なります。

また、シュタイナーの説くカルマが個々の人間だけでなく、民族、人類、地球、太陽系などの問題でもあるということも、大拙の理解や関心とは異なる点でしょう。個人のカルマ、民族のカルマ、人類のカルマ、等々が複雑に重なりあって、私たちの運命を左右しているというのがシュタイナーの理解です。ただし、シュタイナーは独自の説を唱えようとしたのではありません。仏教に採用された古代インドの業（カルマ）の思想においても、不共業《ふぐう》（個人業）・共業《ぐう》（社会業）を含めすでにさまざまな種類の業が区別されていたようです(8)。

シュタイナーによれば、一般の科学的因果関係とカルマ的因果関係との間には決定的な違いがあります。それはカルマの作用を受けるものが同一存在であり続けるか否かです。通常の物理化学的変化では、作用を受けた側に何らかの変化が生じます。生物の体内で起こる変化の場合も同じです。しかし、カルマの場合は、作用を受けても変化しない何ものかが想定されているのです。

その持続的な霊的同一存在の具体的な現れが私たちの意識です。動物にも意識がありますが、カルマにかかわる人間の意識は動物には見られない自我（自己）意識と呼ぶべきものです。

しかし、ここで勘違いしてはなりませんが、通常の私たちの自我意識は死を超えて持続することはありません。したがって、カルマというときに問題になるのは通常の私たちの意識ではなく、輪廻転生を貫いて存在する意識でなくてはなりません。シュタイナーはそれを「個性意識」と呼んでいます。それに対して、一般の私たちの意識は「個人意識」です。

個性意識が死を越えて同一存在であり続けるということは、誕生から死までの間も存在しているということです。ただ、その間は個人意識に覆い隠されているというだけです。

したがって、霊界に参入することができれば、この世においても個性意識を自覚することができるということになります。カルマに目覚めるということは、個性意識の存在に目覚めるということでもあります。

霊界に参入するとは、大拙の言葉でいえば「必然から出て自然に入る」あるいは「個己から超個己への飛躍」に当たるでしょう。

しかし、借金とはこの存在（個己）そのもののことであり、それはいつか覆滅させなくてはならないとする立場は、同一存在の持続に注目するシュタイナーの立場とは異なります。

実は、同一存在であり続けるということは通常の因果関係を超えているということです。つまり、それは因果関係に働きかけることができるということであり、因果関係に埋没してしまうのではなく、それを積極的に生きることができるということです。

もう一つカルマの法則で重要なことは、その因果関係が同一存在を中心に成り立っているということです。つまり、原因は常に同一存在の側にあります。その結果として周囲の環境が変化し、その変化という結果に対して同一存在が再び働きかけるという関係が継続します。

それを通じて同一存在には能力の変化が起きます。そして、この能力の変化ないし向上こそがカルマの意味なのです。

逆に言えば、人間はカルマを通じて進歩ないし進化することが求められているということです。この進化という概念がシュタイナーのカルマ論の軸です。覚醒という言葉を使う場合でも、高次の自己への覚醒は、一度だけのことではなく、進化の行程上の継続的なできごとです。

他方、大拙は伝統的な仏教の教えに基づいて一気に因果ないしカルマを超えてしまおうとします。カルマは超えるべき障害であって、積極的な役割を担うものではありません。

シュタイナーが説くカルマの構造は非常に複雑です。民族のカルマ、人類のカルマ、地球のカルマ、宇宙のカルマ、天使のカルマ等々が交錯した結果として、私たちの運命があります。ただし、シュタイナーのカルマの立場に立てば、複雑なカルマの作用を見通すことよりも、自分の運命を信じてそれとしっかり向き合うことのほうが、私たちの生活態度としては大事になると思われます。

そのような認識に立って、シュタイナーの説く誕生から死までのカルマ、前世のカルマ、そして未来のカルマについて簡単に見ておきたいと思います。

まずは現世の、誕生から死までの間のカルマです。既に述べたようにカルマが成り立つためには同一存在がなくてはなりませんが、現世では、隠されている個性意識のほかに、個人意識がそれに当たります。しかし、そこにおいて成り立つのは私たちの意図や意志を超えた因果関係です。

現世におけるカルマ的因果関係としてシュタイナーが挙げている例には次のようなものがあります。一つは、運命の打撃を受けたようなとき、その時点を中心として前後のほぼ等しい時点の出来事にいわば直線的なカルマ的因果関係が認められる場合です。例えば、一八歳の若者が親の不幸などのために夢を断念して商売の道に進んだような場合、五年後の二三歳の時に得体の知れない倦怠感や不満に襲われたとすると、一八歳から五年前の一三歳ころのできごとにその原因があることが非常によくあるというのです。

もう一つは、七歳までの教育の結果は晩年に、七歳から一四歳までの教育の結果は晩年から一つ手前の七年期にといった具合にいわば円環的なカルマ的因果関係が認められる場合です。

次に、前世からのカルマ的因果関係に移りますと、カルマの法則は輪廻転生の法則に結び付いています。この場合、カルマの法則の前提となる同一存在は個性意識です。

個性意識は死から誕生までの意識ですが、誕生から死までの間も個人意識によって覆い隠されてはいるものの、存在し続けています。この個性意識はカルマ的因果関係を見通しており、次の地上生活におけるカルマ的出来事の必然性をよく知っています。

この場合、シュタイナーは単にカルマの法則を証明しようとしているのではありません。その存在を知り、それに意識的・意志的にかかわることの重要性を説いているのです。それは単なるカルマの解消を目指すのではなく、カルマの意味を信じて、その要請に積極的に応えようとする態度です。

そして、それはまたカルマ的出来事を単なる結果として見るのではなく、未来の出来事の原因としても見るということ、すなわち未来のカルマに取り組むということでもあります。

そこには過去・現在・未来を貫く同一存在が前提になっています。それが輪廻転生の本体であり、個性意識の担い手です。そして、その個性意識の担い手こそ人間の本体であり、それはカルマの法則を通じて進化すべき存在です。

以上が筆者に理解できる範囲でのごく大雑把なシュタイナーのカルマ論です。その大きな特徴は、伝統的な仏教や大拙の立場とは異なり、カルマや輪廻の意味を積極的に捉えるところにあります。

3　道元の積極的な因果・輪廻観

そして、道元の因果・輪廻観もまた思いのほか積極的なものです。

ここでは、道元の因果・輪廻観を『正法眼蔵』によって確認してみたいと思いますが、道元は驚くほど頻繁に因果や輪廻に言及しています。例えば次のとおりです。[9]

（1）「もし菩提心《ぼだいしん》をおこしてのち、六趣四生《ろくしゅししょう》に輪転《りんでん》すといへども、その輪転の因縁、みな菩提の行願《ぎょうがん》となるなり。しかあれば、従来の光陰はたとひむなしくすごすといふとも、今生《こんじょう》のいまだすぎざるあひだに、いそぎて発願すべし。ねがはくは、われと一切衆生と、今生より乃至生生《しょうじょう》をつくして、正法をきくことあらん。（菩提心をおこしさえすれば、もしもその後なお六道・四生を経めぐろうとも、その輪廻のえにしがすべて菩提のいとなみとなる。であるから、たとえこれまでの年月を空しく過ごしたとしても、今生の間に急ぎ願を発《おこ》すがよい。一切の衆生とともに、今生より生々をつくして正法を聞くことができますようにと。）」（谿声山色《けいせいさんしょく》）

（2）「しづかに雪峰《せっぽう》の諸方に参学せし筋力《きんりき》をかへりみれば、まことに宿有霊骨《しゅくうれいこつ》の功徳《くどく》なるべし。（しずかに顧みて、雪峰が諸方の禅院を訪ねて学んだその辛抱強い努力を思えば、それはまことに前世で得た土性骨のはたらきに違いない。）」（行持《ぎょうじ》（上））

（3）「宿殖般若《しゅくじきはんにゃ》の正種《しょうしゅ》なきやからは、祖道の遠孫とならず。（前世で智恵の種子を殖《う》えなかった者は、仏祖の道に連なることができない。）」（行持（下））

（5）「遠山の華を如来に供《きょう》じ、前生のたからを衆生にほどこさん……一句一偈の法をも布施すべし、此生他生《ししょうたしょう》の善種となる。一銭一草の財《たから》をも布施すべし、此世他世の善根をきざす。（昔より遠き山の花を如来に供養するということがあり、また前世のたからを衆生に施すということがある……一句一偈の法も布施するがよい。それが今生他生の善き種子となる。あるいは一銭一草の財を布施するがよい。それがこの世や他の世の善き報いの種子となる。）」（菩提薩埵四摂法《ぼだいさったししょうぼう》）

（4）「まれに人間の身心を保任せり、古来の弁道力なり。（われらは幸いにも人間の身心を保持しているが、これは古くから仏道に心を寄せてきた徳力によるものである。）」（仏道《ぶつどう》）

（5）「これをもて多生《たしょう》の値遇奉覲《ちぐうぶごん》をちぎるべし、これをもて多生の見仏聞法《けんぶつもんぼう》をねがふべし。（この念願をもって、幾《いく》たび生まれ変わることになろうとも仏に遇いお仕え申し上げることを約束し、仏に見《まみ》え法をお聞きできることを願うべきである。）」（仏道）

（6）「よく一生多生の功夫を審細にすべし。（たとえ一生をかけ多生をかけても、よくよく思い巡らして審《つまび》らかにするがよい。）」（無情説法《むじょうせっぽう》）

（7）「まれに辺地の人身をうけて、愚蒙《ぐもう》なりといへども、宿殖陀羅尼《しゅくじきだらに》の善根力現成して、釈迦牟尼仏の法にうまれあふ。（われらはたまたま辺境の地に人身をうけて、まことに愚かではあるけれども、幸い前生において植えてきた陀羅尼の善根の力が現れて、いま今生において釈迦牟尼仏の法に遇うことを得たのである。）」（陀羅尼《だらに》）

（8）「ひそかに観想すべし、後五百歳《ごごひゃくさい》にうまれて、辺地遠島に処すれども、宿善くちずして古仏の威儀《いいぎ》を正伝し、染汚《ぜんな》せず、修証《しゅしょう》する、随喜歓喜《ずいきかんぎ》すべし。（ひそかに思いみるがよい。われらはこの末法時に生まれ、この辺地遠島に住んでいるけれども、宿善なお尽きずして、よく古仏の作法を正伝し、それを純粋に守って修することができる。大いに歓ぶべきことではないか。）」（洗面《せんめん》）

（9）「深心信解《じんしんしんげ》是法華、深心信解寿命長遠のために、願生此娑婆国土しきたれり。（深くこの『法華経』を信じるがゆえに、また深く仏の寿命のはなはだ長きを信じるがゆえに、この娑婆国土に生まれたいと願ったのである。）」（見仏《けんぶつ》）

（10）「海かれてなほ底のこり、人は死すとも心《しん》のこるべきがゆゑに、不能尽《ふのうじん》なり。（海が涸れてもまだその底が残るように、人は死んでもまだ心が残るのであって、とても言い尽くすことはできない。）」（発無上心《ほつむじょうしん》）

（11）「おほよそ本有《ほんぬ》より中有《ちゅうう》にいたり、中有より当本有《とうほんぬ》にいたる、みな一刹那《せつな》一刹那にうつりゆくなり。かくのごとくして、わがこころにあらず、業《ごう》にひかれて流転生死すること、一刹那もとどまらざるなり。かくのごとく流転生死する身心をもて、たちまち自未得度先度他《じみとくどせんどた》の菩提心をおこすべきなり。（そのおおよそを言えば、今の生から、生と生の間を経て、来世の生に至る。その間もすべて利那利那に移りゆくのである。そのようにして、自分の心によってではなく、業にひかれて、一利那も留まることなく生死を繰り返すのである。このような生死流転する身心をもって、すみやかに〝自らいまだ度《ど》せずして、まず他を度せん〟という菩提心を起こすべきである。）」（発菩提心《ほつぼだいしん》）

（12）「他のために法をとき、法を修するは、生生のところに法をきき、法をあきらめ、法を証するなり。今生にも法を他のためにとくに……。生生の身身に法をとき法をきくは、世世に聞法するなり。前来わが正伝せし法を、さらに今世にもきくなり。法のなかに生じ、法のなかに滅するがゆゑに、尽十方界のなかに法を正伝しつれば、生生にきき、身身に修するなり。生生を法に現成せしめ、（他人のために法を説き、法を修することが、いつしか生々を重ねて、自己が法を聞き、法を理解し、法を身につけることともなる。今生においても、他人のために法を説くことが……。いく生涯となく生を重ねて、法を説き法を聞くことは、世々に聞法することである。前生に正伝を受けた法を、今生でも聞くのである。法の中に生まれ、法の中に死するのであるから、法はこの世界のいたるところに正伝されてきたのであり、よく生々に法を聞き、その身に法を修するのである。生々に法を実現せしめ、）」（自証《じしょう》三昧《ざんまい》）

（13）「また宿殖善根《しゅくじきぜんごん》のすくなきもの、きかず、みず。……いまわれら見聞したてまつり、習学したてまつる、宿殖善根のちからなり。いま習学して生生に増長し、かならず無上菩提にいたり、衆生のためにこれをとかんこと、釈迦牟尼仏にひとしくしてことなることなからん。（また、前世に植えた善根の少ないものも、聞くこと、見ることを得ない。……いまわれらが、それを見聞することができ、また習学することができるのは、ひとえに前世に植えた善根の力によるのである。いま習学して生々にその功徳を増長するなら、かならず最高のさとりに到達し、衆生のために説くこと、釈迦牟尼仏に等しくし

て異なることがないであろう。）」（八大人覚《はちだいにんがく》）

（14）「いはゆる善悪之報、有三時焉といふは、一者順現報受《じゅんげんほうじゅ》。二者順次生受《じゅんじしょうじゅ》。三者順後次受《じゅんごじじゅ》。これを三時といふ。（善悪の報には三つの時があるという。一つには、今生に受けるもの。二つには、次生に受けるもの、三つには、後の次生に受けるもの。これを三時という。）」（三時業《さんじごう》）

（15）「いまわれら宿善根力《しゅくぜんごんりき》にひかれて、最勝の身をえたり。……出家の生生をかさねば、積功累徳《しゃっくるいとく》ならん。（いまわれらは、前世の善根の力によって、このいとも勝れた身を得たのである。……出家の生を重ねれば、その功徳はいよいよ高きに及ぶであろう。）」（出家功徳《しゅっけくどく》）

（16）「いまわれら宿善のたすくるによりて、如来の遺法にあふたてまつり、昼夜に三宝の宝号をききたてまつること、時とともにして不退なり。（いまわれらは、宿世に植えた善根の助けるところによって、如来の遺法に遇いたてまつり、夜も昼も三宝の御名を聞くことを得て、いつまでも変わるところがない。）」（帰依三宝《きえさんぽう》）

（17）「さらに生死の輪転なし、このゆゑに後世なしといふ。これ断見《だんけん》の外道《げどう》なり。（べつに生死の繰り返しというものはない、だから後の世などというものもないという。これは断見の外道である。）」（深信因果《じんしんいんが》）

（18）「おほよそ因果を撥無《はつむ》するより、今世後世《こんぜごせ》なしとはあやまるなり。（いったい、因果を否定するから、今の世も後の世もないなどという誤りを犯すことになるのである。）」（深信因果）

(19)「いはんや孔老は先因をしらず、当果をとかず、わづかに一世の忠孝をもて、君につかへ家をををさむる述をむねとせり。さらに後世の説なし、すでにこれ断見の流類なるべし。（ましていわんや、孔子や老子は、前世の業が因となってどんな果を結んでいるかも知らないし、また現世の業がどんな果を来世に結ぶかも説いてはいない。ただ、わずかに、この世においてのみ、忠孝をもって君に仕え家を治める術を説くことを旨としているのであって、さらに後の世のことを説くことはない。それではすでに断見のやからというべきであろう。）」（四禅比丘《しぜんびく》）

(20)「孔老等、いまだ一世のうちの前後をしらず、一生二生の宿通《しゅくづう》あらんや。……満業《まんごう》・引《いん》業《ごう》をしらず、過世・来世をあきらめざるがゆゑに、現在にくらし、いかでか仏法にひとしからん。（孔子や老子などは、いまだ現世のうちの前後も知らないのであるから、宿世のことを知るはずもない。……彼らは満業も引業もしらず、過去世も未来世も知らないのであるから、現世にも暗いのである。それがどうして仏法に等しいことがあろうか。）」（四禅比丘）

(21)「たとひこの生をすてて、いまだ後の生にうまれざらんそのあひだ、中有《ちゅうう》といふことあり。……眼のまへにやみのきたらんよりのちは、たゆまずはげみて三帰依となへたてまつること、中有までも後生までも、おこたるべからず。かくのごとくして、生生世世をつくしてとなへたてまつるべし。（たとえこの生を捨てても、次の生に生まれるまでの間に中有ということがある。……眼の前が暗くなってしまってからも、なおたゆまず、心を励まして三帰依を称えたてまつって、中有までも後

生までも、怠ってはならない。そのようにして、生々世々にわたって称えたてまつるがよい。）」（道心《どうしん》）

以上の引用をみて驚いた方もおられるのではないでしょうか。道元は因果や輪廻を、単なる比喩や物語としてではなく、現実のこととして語っています。しかもその現実とは脱すべきものなどではなく、積極的に生きるべきものです。道元は宿善・宿業を語ります。それは前世と現世、現世と来世をつなぐものです。「人は死すとも心のこるべき」と述べ、「中有」について語り、因果や輪廻を説かない孔子や老子を批判します。

道元とシュタイナーの因果・輪廻観は思いのほかよく似ています。(10) 前節2で述べたように、シュタイナーの因果・輪廻観の眼目が自分の運命としっかり向き合うことにあるとすれば、それは道元の場合にも当てはまるものと思われます。

そして、運命としっかり向き合うためにシュタイナーの死後開発され、実践されている手法がバイオグラフィー・ワークです。

4　カルマとバイオグラフィー・ワーク

バイオグラフィー・ワークについては先に第三章の3でも触れましたが、ここではもう少し立ち入った検討をしてみたいと思います。

バイオグラフィーという言葉は英語ですが（ドイツ語ではビオグラフィー）、一般に伝記あるいは一代記と訳されています。バイオグラフィー・ワークとは自分の伝記に取り組む作業という意味になりますが、自分の運命（カルマ）に取り組むといったほうがより正確かもしれません。しかもそれは運命を回避するのでも、消極的に耐え忍ぶのでもなく、運命を信頼し、受け入れ、積極的に生き抜こうとするものです。[11]

またそれは運命に対する盲目的信頼ではなく、その意識化でもあります。運命の意識化とは人生の困難の意味を知るということです。

伝記とは人生の記録です。いまさら改めて問うまでもありません。しかし、動物にも伝記が考えられるでしょうか。

シュタイナーによれば、伝記は動物にはあり得ない人間独自のものです。それは人間が、動物とは異なり、輪廻転生を繰り返す霊的存在であることに関連しています。

伝記とは何かについて、シュタイナーはほぼ次のように説明しています。[12]

人間の肉体的形姿が互いに似ていることが肉眼に明らかであるように、人間の霊的形姿が互いに異なっていることが霊視すれば明らかになる。もし人間が動物のように単に類を形成するだけの存在であるなら、個人の伝記は存在しないはずである。

動物の場合は、種が説明されたとき、個々の動物もその本質が理解されたことになる。父親か息子か孫かといったことは大した問題ではない。他方、人間の場合は、彼がどんな人間であるかは、単に種族の一員としてだけでは説明できない。彼の父や息子について説明されても彼自身を理解することにはならない。彼を理解するには彼自身の伝記を知らねばならない。

個人の伝記の本質は、各人が動物における一個の種に等しいということにある。伝記を単なる人生における出来事の寄せ集めではなく、一個の人間の真の特性を記述するものであるとするなら、そこには動物界における一つの種全体の記述に相当するものがあるはずである。

また、一個の人間の真の特性は霊的本性に由来するのであり、その特性をなす霊的形姿は本人以外、誰からも受け継いではいない。人間の魂は特定の素質をもってこの世に生を受け、その素質に基づいて伝記に記されるような人生を歩む。したがって、霊的人間としての彼はそれ以前から存在していたのでなければならない。

しかし、彼は祖先たちの中に存在していたのではない。彼と祖先たちは霊的には別個の人間存在であり、彼の伝記は祖先たちの伝記からは説明できない。

霊的人間としての彼は、つまり彼の本質は、その全体の伝記から彼の伝記が説明できるような、ある存在の繰り返しでなければならない。

これとは別の可能性として、彼の伝記の内容は、以前の地上生活ではなく、もっぱらこの世に生れる前の霊界生活の結果であるという考え方もあり得る。しかし、これは人間の魂に対する物質界と霊界の作用を同じ種類のものとする、事実に反する仮定を行った場合にしか当てはまらない。

例えば、人が新しく何かを始めるとき、すでに習い覚えていたことをするかのような身近な印象をもつことがあるが、これは霊界で得た経験と地上で得る経験が同じ種類のものであるか、または以前の地上生活で得た経験を想定するのでなければ説明がつかない。しかし、霊界で得られる経験と地上で得られる経験は種類が異なるのであり、別の地上生活の存在を考えないわけにはいかない。

以上のように、人間の肉体的形姿が生殖活動を介する人間の類的本性の繰り返しであり再生であるのに対して、人間の霊的形姿は同一の霊的本性の再生の繰り返しに由来している。彼の伝記はその繰り返される再生活動全体の伝記を踏まえてのみ説明し得るものであり、それを踏まえなければ彼の伝記の意味は理解できない。

バイオグラフィー・ワークはこのような意味での自らの伝記に取り組む作業です。ここでもまたグードルン・ブルクハルトの『バイオグラフィー・ワーク入門』に基づいて、その概要を紹介してみたいと思います。

バイオグラフィー・ワークの役割について、ミヒャエラ・グレックラー（シュタイナーがイタ・ヴェークマンとともに創始したアントロポゾフィー医学の中心的推進センター、ゲーテアヌム医学部門の代表）

は同書の「まえがき」で、病気になるといった人生における困難な状況や危機的状況に見舞われた人がそのような運命を克服する上で役立つだけでなく、自己認識を深めると同時に他者に対する関心と理解も深めたいと思う人や、自分の人生をより充実したものにしたいと思う人にも役に立つ、と述べています。

この方法はシュタイナーの人間学を通して明らかになる人生の法則に基づくものです。その人間学の全体像を把握することは容易ではありませんが、人間特有の伝記に関するシュタイナーの考え方はいま見たとおりです。

カルマとはそもそも一般的には見通すことが難しい霊的因果関係のことですから、法則という言い方は誤解を招くかもしれません。法則として私たちに理解できるのは、せいぜいのところこの地上生の中で見られる因果関係であって、輪廻転生を介する霊的本性としての因果関係を見通すことは難しいでしょう。

しかし、大事なことは、すべてを見通すことではなく、「自分のバイオグラフィーに取り組み、それをひき受けていこうと」（ミヒャエラ・グレックラー）いう姿勢を獲得することだと思われます。

それでは著者の記述に沿って見ていきましょう。まず、人生全体の法則性を見渡すために、人生を大きく三つの段階に分けています。

第一の段階は受胎から二一歳くらいまでの「身体的成長」の段階、「受け取る時期」ないし「準備期間」と呼ぶことができる段階です。この段階では私たちはまだそれほど自分の運命に関与しておらず、運命は過去の生から与えられると考えられています。

第二の中間の段階は二一歳ころから四二歳ころまでの「魂の成長」の段階です。自己の教育や成長がこの段階の大きな課題です。二一歳くらいで「成人」になるころには、私たちの個的本性と身体との結びつきが弱まり、人生を自己責任において形づくることができるようになります。

これは大きな「広がり」の段階で、家族を形成したり仕事をしたりと、多くの人びとと交わりながら社会的生活を営む時期です。その間に憎しみや愛情や共感や反感などさまざまな感情を味わい、それらを自我の支配のもとに置くことを学びながら、魂を磨き、心理的成長を遂げます。

この間、私たちは独立した個性（体）としての自覚を深め、この段階を経て初めて完全な大人になります。それが四二歳の頃です。

この魂の成長の段階は、身体を構築する力と解体する力とが拮抗しており、外的にもっとも生産的な時期です。

最後の第三の段階は「霊的成長」の段階です。植物が花を咲かせ実を結ぶように私たちの人生の果実も目に見えるものになり、完全に熟さなくてはならない、というのが著者の理解です。

この時期には身体の解体過程が優勢になる一方、魂的霊的成長を通じて私たちは個人的な目標だけでなく、より大きな目標を意識することができるようになります。それは生命力が身体から解放され意識の発達のために使えるようになるからです（対照的に、身体の構築過程が活発に進行している乳児の場合はほとんど眠って過ごします）。

しかし、この時期の魂には意識の発達によって成長する可能性も、身体とともに衰退してしまう可能性もあります（もう年だから新しいことを初めても仕方がないと思えば魂は成長せず、衰えていきます）。

ここで注意を要するのは魂と霊との関係とその区別です。著者は「もちろん、最初の二十一年間にも魂は成長します。しかし、この時期魂はまだ身体に結びついています。個人の霊的な要素もまたしだいに輝きを増していきます。そしてもちろん、三番目の霊的成長の段階においても、魂の成長は続いていきます。そして、その前の時期に逃した多くのことは、まだ後から取り戻すことができるのです。絶えず魂を作り変え、再形成しようとはたらきかけている『自我』へのまなざしを持たなければ、魂の成長の段階を理解することはできません。常に身体と、魂と霊（自我）とは同時にはたらいているのです」と述べています。

著者は人間の霊的要素を自我と呼んでいますが、この自我は自己中心的な自我意識のことではなく、自分を意識する自己意識を指すものと考えられます。ただし、自己意識そのものというより、自己意識をもたらす霊的要素と言うほうがより正確かもしれません。その霊的要素が輪廻転生の主体です。それは通常の私たちの自己意識ではありません。その輪廻転生する霊的意識は地上生活では魂的意識に覆い隠されています（本章の2で触れたように、シュタイナーは輪廻転生する霊的意識を「個性意識」、通常の日常的意識を「個人意識」とも呼んでいます）。そして、心理学の対象になるのが魂的意識であると考えられます。魂は「心理的成長」を遂げます。また、魂は個的本性の担い手であり、霊的要素は個的本性を超えて、あるいは貫いて広がる共通の場へと通じています。霊的成長の段階に至ってようやく私たちは個人的目標を超えて人類といった広い目標に目覚めます。

以上のような人生の三段階は別の特徴によって区別することも可能とされ、著者は次のような例を挙げています。

第一段階＝もらうこと、受け取ることが大勢をしめる。「人間になりゆく」時期、準備段階＝春＝朝。

第二段階＝もらうことと与えることとの相互作用が強く見られる。「人間である」時期、生活と闘争の時期＝夏＝昼。

第三段階＝与えることが前面にでる。「人間として成熟する」時期＝秋＝夕。

また、人生は二つに分けることもできると説明されています。その場合は三五歳くらいまでがいわば「受肉していく段階」です。これは準備の時期、大きく息を吸い込むようにあらゆるものを取り込む時期、身体が霊的な個的本性を吸い込む段階です。

三五歳以降はいわば「離肉していく段階」で、大きく息を吐き出すように自分が受け取ったものを与え、世界にとって実りあるものにする時期です。

三五歳の頃というのは、ちょうどそれまで拡張の可能性をもっていた私たちの肺が弾力性を失い縮小し始める時期に当たると著者は指摘しています。

人生の三段階をさらに細かく三段階ずつに分けると七年周期のサイクルができますが、このサイクルにも一定の法則が見られることがワークショップでの実例を挙げて詳しく説明されています。

ここでは、伝記の意味や自分の運命に向き合うことの大切さを知るという観点から、三番目の「霊的成長」の段階を例として七年周期の法則を簡単に見ておきたいと思います。

著者はまず私たちのバイオグラフィーの大きな転換期をなす「四二歳の危機」から説明を始めています。(13)

それによれば、四二歳から六三歳までの第三段階における成長や発展は、二八歳から四二歳まで（第二段階の第二と第三の七年期）の内面生活に大きく左右されます。このことと四二歳の危機との関係はどこにあるかと言いますと、四二歳（危機に陥る年齢や危機の期間には個人差があります）が「魂の成長」の段階から「霊的成長」の段階への転換期に当たるという点が重要になります。

つまり、それは魂の成長期から霊的成長期への転換に伴う危機で、「存在の危機」と呼ぶこともできると述べられています。

なぜ存在の危機なのかと言うと、自分の人生を振り返れば確認できると著者は述べていますが、それまでは困難に遭遇してもきっと誰か助けてくれる人がいたのに、それ以降は自分ひとりで克服しなければならないからです。それはまた、自分の人生の風景をそれまでより高いところから見渡し、理解することが求められているということでもあります。そのような課題に見事に応えられるかどうかは、その前のだいたい二八歳から四二歳ころまでの間に内的に魂を成熟させることができたかどうかにかかっているというのです。

「魂」から「霊」への転換は、人間の本体はその霊的本性にあるという認識に立ちますと、私たちにとって根本的な問題です。

私たちは二一歳で半分だけ大人になり、四二歳でようやく完全な大人になって、成熟した人間として自分が得た果実を他者に与えることができるようになる、と著者は述べています。

四二歳を迎えるのに必要な魂の成熟とはどのようなものかと言うと、それは直接的にはその前の三五歳から四二歳までの段階にかかわっています。三五歳は先に見たとおり、人生を大きく二つに分けた場合の中間点に当たります。「受肉の時期」から「離肉の時期」への転換点です。

シュタイナーがこの三五歳から四二歳までの時期を「意識魂の時代」と呼んだことに著者は注目しています。この意識は自己意識です。外から内へという意識の転換が含意されています。意識が内に向かうと自分を過大評価ないし過小評価する危険が生じます。

自己中心的な過大評価の例として著者が挙げているのが、三五歳で王位についたナポレオンです。逆の過小評価の例としては、それまで専業主婦だった女性が自分の能力を過小評価する場合が挙げられています。

いずれの場合も、自己に囚われ、自分の存在を過大評価しているということが言えます。しかし、「私ではなく、私の中のキリスト」という霊的認識が求められているというのです。

著者は私たちが三七歳の時に受ける二度目の月の交点の作用についても述べています。それは何か新たな出発への衝動としてやってきます。身体的な衰えを感じ始めるとともに、霊的な関心が沸き起こります。こうして次第に「魂」から「霊」への転換の準備が整えられていきます。この転換が円滑に進むような魂の状態が成熟です。(14)

さて、四二歳に戻りますと、著者はシュタイナーの「境域を越える」という表現に注意を促します。その印は霊的体験が顕著になることであり、それは三五歳以降、それまで身体の諸器官と結びついていた生命力が解放され、それが意識に達するようになることに関連している、というのが著者の説明です。

ただし、著者の関心の中心は別のところにあります。今日、多くの人が、この年齢に限らず別の年齢においても、境域体験をしているけれども、大事なことはそのような体験に対してより意識的になること、それが著者の強調している点です。

シュタイナーによれば、私たちは現在、「自己意識的自我の時代」あるいは「意識魂の時代」を生きていますが、バイオグラフィー・ワークはそのような時代の要請を踏まえた、人生をより意識的に生きるための一つの方法ということができるでしょう。人生の意識化、それがバイオグラフィー・ワークの意味であり役割であり有用性だと考えられます。

身体の諸器官から生命力が解放されるという点をもう少し詳しく見てみましょう。四〇歳ころになるとまず生殖器官や四肢・代謝系から衰えを感じるようになりますが、それらの器官から生命力が引いていくと、それらの生命力が意識に上るようになり、人びとはスポーツをしたいと思うようになるほか、性にかかわる問題が集中して起こることにもなります。しばしば離婚問題が生じ、女性の場合は下腹部の病気になりがちです。

四九歳から五六歳の時期には、肺や心臓といったリズム系の器官から生命力が引いていきます。従来のテンポのままで忙しく働いていると心筋梗塞や呼吸器障害を招く恐れがあります。人生を振り返り、新しいリズムを見出すことが重要になります。

この時期は「道徳的段階」とも呼ばれています。心臓は良心や道徳性にかかわっています。心臓が目覚め、全人類とともに悩み苦しむことが求められています。

この時期はまた「インスピレーション的な魂の成長の時代」と呼ぶこともできると述べられて

います。このとき特に重要なのは周りのことに耳を傾けることを学ぶことです。インスピレーションは吸気と関連があり、世界が語ることや内なる声が明かそうとするものを私たちは吸い込むのであり、傾聴には外に向かう側面と内に向かう側面があります。

この傾聴に必要な新しい認識器官の発達に特にかかわっているのが呼吸器系から離れていく生命力です。こうして、心臓や肺に反映されている宇宙のリズムとの調和が可能になり、例えば、ベートーヴェンは晩年に聴力をほとんど失いましたが、内なる音楽または宇宙の音楽を聴くことができたというのが著者の理解です。

五六歳から六三歳までの段階に目を転じますと、この時期は「神秘的段階」あるいは「合一的に認識する魂の時代」と呼ぶことができるとされています(15)。

この時期は第一・七年期と対応します。第一・七年期には世界は感覚を通して私たちに開かれていたのに対し、この時期には感覚の窓が徐々に閉じられていきます。視角、聴覚、触覚、味覚、嗅覚ばかりでなく、他の人の内面を知覚する能力も衰えていくと説明されています。

私たちの身体は次第に洞窟のようになっていき、自分の中の神とのかかわりが強まります。それによって可能になるのがイントゥイション、つまり霊的本質を内側から認識する合一的認識です。

第一・七年期に生命力に対する注意が足りなかった場合、例えば知性の発達を早期に強いられると、この時期に生命力が脳から早く退き、硬化症になりやすくなるということです。

ここで、第一章で触れた良寛を想起させる著者の興味深い記述をそのまま引用してみたいと思います。「小さな子どもはその存在と共に世界に光を放ち輝いていきます。……歳をとると、私たちの身体は透明になっていきます。骨はふたたび軽くなっていきます。骨粗しょう症に悩まされます。それは、骨の中のカルシウムがなくなることです。そして私たちの存在は内側から外側へとより照り輝き始めるのです。どうして、小さな子どもたちはおじいさんおばあさんがすきなのでしょうか？　なぜなら、子どもたちはこの輝く光を体験できるからです。」(16) 子どもたちや村人たちは、実際に良寛の内から輝き出る光に触れていたのかもしれません。

以上のように、人生のある時期とある時期の間にさまざまな対応関係ないし鏡映関係が認められるというのがバイオグラフィー・ワークにおける重要な認識です。

四肢・代謝系は一四歳から二一歳までの第三・七年期に発達し（関連する生命力の受肉）、四二歳から四九歳のまでの第七・七年期に衰えが進みます（関連する生命力の離肉）。これが鏡映関係の一例です。女性の場合は初潮と閉経に対応します。離肉によって自由になった生命力は新たな創造力をもたらします。

四九歳から五六歳までの第八・七年期にはリズム系の器官、つまり心臓と肺から生命力が次第に離れ、自由になりますが、この段階と鏡映関係にあるのが七歳から一四歳までの第二・七年期です。例えば、子ども時代の喘息が再発したりします。

五六歳から六三歳までの第九・七年期には神経・感覚系の器官から生命力が離れていくのに伴い感覚器官の衰えが始まりますが、この段階は誕生から七歳までの第一・七年期と鏡映関係にあります。

また、第一、第二、第三・七年期のそれぞれ「世界は善である」「世界は美しい」「世界は真実である」という体験は、第七、第八、第九・七年期に真・美・善の深い体験として再び戻ってきます。

このような鏡映関係や七年周期といったさまざまなリズムが、ある種の法則としてバイオグラフィー・ワークにおける人生の分析で重要な役割を果たしています。

先に月の交点のリズム（一八年七ヵ月周期）に触れましたが、その半分の九年周期のリズム、土星のリズム（二九年半周期）、木星のリズム（一二年周期）、その半分の六年周期のリズム、太陽のリズム（一一年の黒点周期）なども、人によっては重要な意味を持ってくるということです。

なお、今日では多くの人にとって六三歳を過ぎてからもまだ長い人生が残されています。バイオグラフィー・ワークの人間観では、人間の本質は霊的本性にあり、その霊的本性は輪廻転生を繰り返しながら成長すべき存在と考えられているわけですから、晩年から最晩年を経て身体の死を迎えるまで私たちには取り組むべき課題があります。

以上、バイオグラフィー・ワークという興味深い方法の狙いとその根拠をなす人生の法則について、グードルン・ブルクハルトの『バイオグラフィー・ワーク入門』によって簡単に見てきましたが、その要点は伝記一般の研究をするのでも、第三者として誰かの伝記を調査分析するのでもなく、当事者として自分の伝記（自伝）に取り組むことにあります。その意味では単なる「バイオグラフィー（伝記）」ではなく「オートバイオグラフィー（自伝）」と呼ぶべきかもしれません。

先に見たように、私たちがそれぞれ、犬や猫や鳩といった動物の種類に相当するとすれば、その独自性の意味がかなり明確になりますが、このバイグラフィー・ワークのような方法や考え方は自分の人生に独自の意味を見出し、人生をより意識的に生きること、遭遇する困難や課題を冷静かつ積極的に受け止めそれを克服すること、あるいは人生に思う存分果敢に挑戦することに大いに役立つものと思われます。

【注】

（1）鈴木大拙『妙好人』（法藏館）一〇七～八頁。

（2）鈴木大拙『日本的霊性』（岩波文庫）「第四編　妙好人」の「一　赤尾の道宗」。

（3）西田幾多郎「場所的論理と宗教的世界観」上田閑照編『西田幾多郎哲学論集Ⅲ』（岩波文庫）所収。

（4）鈴木大拙編著『妙好人浅原才市集』（春秋社）五頁。

（5）同前、三一頁。

（6）同前、四頁。

（7）シュタイナー『シュタイナーのカルマ論――カルマの開示』（春秋社）六頁以下。

（8）中村元監修『新・仏教辞典』（誠信書房）「業」の項による。

（9）増谷文雄『現代語訳　正法眼蔵』（角川書店）をテキストとしたが、他の文献も適宜参照した。各引用の末尾に巻名を（　）で示す。拙著『道元とシュタイナー』（水声社）第Ⅲ章の「一　道元の輪廻観」では本書の草稿を基に引用をより詳しく行った。

（10）拙著『道元とシュタイナー』（水声社）参照。

（11）本章の1で見たとおり、「いんが（因果）がはゑ太（生えた）いんがいんががはゑ太よいんがのどをり（道理）わ（は）こらゑにや（堪えにゃ）ならの（ならぬ）や」と詠う才市の姿勢はなお消極的である。

（12）シュタイナー『神智学』（ちくま学芸文庫）八一頁以下。

（13）グードルン・ブルクハルト『バイオグラフィー・ワーク入門』（水声社）一三四頁以下。

（14）以上、三五歳から四二歳までの段階については、同前、一二一頁以下。

（15）同前、一六九頁以下。

（16）同前、一七〇～一頁。

第七章　行法としての念仏

ここでいう行《ぎょう》とは、成仏するため又は悟りを得るための修行のことです。真宗では南無阿弥陀仏と称える称名念仏が正行《しょうぎょう》（正しい行）とされています。

他方、世界には多くの宗教があり、さまざまな形式の行があります。さらに、シュタイナーによれば行の形式は時代によって変化するもの、あるいは変化すべきものでもあります。

「人類の進化のさまざまな時期によって秘儀の本質、秘儀参入の原則も変化していくのです。現代になって、秘儀参入の原則は大きく変化しました。秘儀参入の諸原則が、たとえば『いかにして超感覚的世界の認識を獲得するか』によって公開されたことにより、個人的な指導なしにもある段階までの秘儀参入が可能になったのです。『いかにして超感覚的世界の認識を獲得するか』に記されているさまざまな行を真剣に試みる者は、非常に高い段階の秘儀参入が果たせます。……霊界の存在が物質界の存在と同じように確かなものとして認識されるようになります。……高次の諸世界への道を公に論述することが今日では可能なのです。もちろん、今日でも超感覚的世界の高みにまで至ろうとする人は、人生に衝撃を与え、人生を一変させるような苦悩や苦痛を耐えなくてはなりません。このような苦痛を通して修行者は成熟していくのです。公開された行を通して、危険に陥ることなく、非常な高みにまで至ることができます。けれども、高次の諸世界への道はどこまで行っても完結するものではありません。」(1)

秘儀とは超感覚的な霊界にかかわる秘密の教えのことで、秘儀参入は霊界参入と言い換えることができます。秘儀参入のための諸原則（方法）は従来秘密にされてきたのですが、それをシュタイナーが『いかにして超感覚的世界の認識を獲得するか』などを書いて一般に公開したことにより、誰もがひとりでかなり高い段階の秘儀参入を果たすことが可能になったというのです。

「この書物は著者と読者との間に交される個人的な対話のようなものとして受け取られることを望んでいる。『神秘道の修行者は個人的な伝授を必要とする』と書かれてはいるが、このことは書物そのものがこのような個人的伝授なのだという意味に解釈されねばならない。かつてはこのような個人的伝授が秘密の口伝であらねばならない理由があった。今日では、時代そのものが霊学上の認識内容をかつてよりもはるかに広く普及させるべき意識段階に達している。以前とはまったく異なり、秘伝の内容はすべての人によって、手のとどくものでなければならない。したがって書物がかつての個人的な伝授の代りをしなければならない。……勿論人によっては個人的な助けを必要とするであろう。そのような人にとってこの助けは重要な意味を持つであろう。しかし書物の中に見出せぬような重要な行法が他に存在する、と思うのは間違いである。」(2)

可能になったということは、それを時代が要請しているということです。問題は人間の意識の段階の違いです。シュタイナーによれば、現代人の意識の特徴はそれが自己意識的であるということです。つまり、あらゆる認識が個人の意識を介して獲得される時代を迎えているということです。秘儀の伝授に関しても、それが師の導きのまま盲目的に行われるのではなく、弟子にとっても意識的な過程であることが求められているということです。

しかしながら、秘儀の伝授がすでに深い認識に達した師と弟子との間の一対一の関係において初めて成り立つものであることに変わりはありません。現代でも優れた師の指導を得ることができるのなら、それに越したことはありません。シュタイナーも、従来の秘伝を書物で公開したといっても、読者一人ひとりとの間に個人的な対話が成り立つことを期待しています。それは、換言すれば、現代という自己意識の時代においては、師と弟子との間に、盲目的な関係ではなく、意識的で主体的な存在者同士の個人的対話が成り立たなければ、秘儀は伝授できないということです。

「この新版においては、現在の霊的諸条件から見れば、霊的修行者にとって師の人格との関係よりも、客観的な霊界との直接的な関係の方がはるかに大切であるという観点を、細部における表現の仕方を変えることによって、これまでよりも明確に強調することができたと私は考えている。霊的な修行においても、今後ますます師は、近代人の意識にふさわしく、他の学問分野における教師の在り方と同じような、単なる助言者としての地位に留まるようになるであろう。」(3)

師が単なる助言者の地位に留まるということは、そうせざるを得ないということですが、仏教の場合にはそれが古くからの在り方です。「親鸞は弟子一人《いちにん》ももたず候ふ」(『歎異抄』第六条)(4)はそれを端的に示しています。だからといって師は必要ないというのではありません。「自然《じねん》のことわりにあひかなはば、仏恩をもしり、また師の恩をもしるべきなり」（同）です。

シュタイナーの世界認識は行を通じて獲得されたものです。[5] それはいわば行の立場です。一般に、行の立場は、キリスト教の信仰の立場に対して、仏教の立場です。

なお、一般的に浄土系の諸宗派では信仰に重点をおき、易行道と称することに見られるように行を重視しない傾向にある、という見方があります。[6]

また、浄土真宗では称名念仏という行に対して信心正因（信心こそが浄土往生の正因である）とも言われます。この場合、たとえ南無阿弥陀仏と口に称えるだけであれ、何らかの形で身体の機能を律するのが行です。それに対して信心は身体ではなく内面ないし心の問題です。

それでは、キリスト教の信仰と浄土真宗の信心は同じものかといえば、実は、両者の間には注意しなければならない重要な違いがあると思われます。

キリスト教の場合、一般に信仰は超越的な外なる神に向かいます。神の内在を説く場合でも、内なる神は人間存在から断絶した超越的存在であると考えられます。[7] 他方、浄土真宗における阿弥陀仏はそのような超越的存在ではありません。

キリスト教の神が超越的存在であるということの一面は、それが裁く神であるということです。他方、阿弥陀仏はあくまでも裁くのではなく、慈悲をもって衆生にはたらきかける存在です。

そもそも阿弥陀仏とは、すべての衆生を救うという願を起こして出家した法蔵比丘（菩薩）と呼ばれる修行者が、長い修行を経て阿弥陀仏と呼ばれる仏になったものです。阿弥陀仏は超越的な存在でなく、人間と阿弥陀仏との間に断絶はありません。才市の詩はこのことをよく示していると思われます。

キリスト教の信仰が一般に外なる超越的神に向かうのに対して、浄土真宗の信心はあくまでも自らの内面ないし心に向かいます。そして、外に向う信仰と内に向う信心との決定的ともいえる違いは行の有無にあると考えられます。

この場合の行は身体ではなく、人間の内面ないし心を律する行です。先に、身体を律するものであるか否かによって行と信心とを区別しましたが、ここでは身体であれ心であれ自らを律することが求められているかどうかによって、それが行であるか否かを区別しています。

つまり、一般的なキリスト教と浄土真宗との重要な相違は行の有無にあるものと考えられます。浄土真宗では称名念仏という身体的な行と信心を獲得するための内面的な行が求められています。

他方、先に見ましたように、一般のキリスト教が信仰の立場をとるのに対して、秘儀の伝統に連なるシュタイナーは行の立場をとりますが、その場合の行とは内面的な行のことです。浄土真宗の行には身体的と内面的の両面があるのに対して、シュタイナーが公開した行はもっぱら内面的なものです。

以上のように、シュタイナーの立場と仏教あるいは浄土真宗の立場はともに行の立場という点では共通しています。しかし、行の内容には違いも見られます。

シュタイナーの立場と仏教の立場に類似性があるということは、一般のキリスト教の立場から見ると、どちらも神秘主義に分類できるということからも覗えます。(8) 自らが公開した西洋の行法と東洋あるいは仏教の行法との間に根本的な矛盾はないというのがシュタイナー自身の認識であり、これから述べるようにシュタイナーの行法には仏教の八正道《はっしょうどう》に相当するものが含まれています。

冒頭の引用にある、秘儀参入はあくまでも参入にすぎず、それはどれほどの高みに達しようとも完結することのない道だという言葉は、修行者としてのシュタイナーの同志に対する親切な忠告です。

シュタイナーが公開した秘儀参入の道と念仏の道を比較するとすれば、本書の立場としてはそれを体験的に行うのでなければなりません。しかし、それはとても筆者の力の及ぶところではありませんので、ここではシュタイナーが従来秘密にされてきた霊界参入の方法を公開した理由をもう少し詳しく検討するとともに、シュタイナーの行法と比較することによって念仏という行法の特徴と今日的意味を若干考えてみたいと思います。

1　現代における行の意味と特徴

宗教的行（修行）は近代の自然科学的世界観とは相容れないものです。なぜなら、自然科学は感覚的物質的世界を対象とするのに対して、行は非感覚的あるいは超感覚的な霊的世界にかかわるものだからです。

行とは霊界についての認識を得るために、あるいは霊界に参入するために行われるものです。そのような行が現在求められており、霊的進歩への衝動を感じる人が増えている、というのがシュタイナーの認識です。

しかも、それは従来の伝統的な行の単なる踏襲や復活ではなく、現代という時代にふさわしい行でなければならないというのです。

「霊的な知覚器官を発達させるための規則を知っていながら、その規則を書物に書き記すことなどできない、と考える人びともいる。その人は、たいていは霊界に関わる真実を伝達するのを、許されないことと考えている。けれども、そう考えることは、人類進化の現段階においては、ある点では時代遅れになっている。ふさわしい規則の伝達を受けても、あるところまでしか到達できない、というのは正しい。しかし伝達を受けて、それを自分の魂に適用する人は、その伝達内容がさらなる道についての認識を可能にしてくれる、と期待することができる。」(9)

超感覚的な霊界を認識する器官を発達させる方法を書物に著すことなどできない、という考え方については、特に禅では「教外別伝《きょうげべつでん》」ということが言われます。仏の教えは書物に著すどころか、言葉で伝えることさえできないというのです。

しかし、それはそうすることが許されないという意味ではありません。曹洞宗の開祖・道元は『正法眼蔵』の著述に最後まで心血を注いでいます。その多くが出家僧を念頭に置いたものであるとしても、広く読まれることを期待したものです。現在では誰でも容易に手にすることができ、また実際に幅広く読まれてもいます。

霊界を認識する器官というのは、例えばヨーガやチベット仏教などで言われるチャクラのことです。シュタイナーは『いかにして超感覚的世界の認識を獲得するか』で六つのチャクラに触れていますが、八正道によって開発されるのは喉の辺りにある十六弁のチャクラだと述べています。この点については次の節で改めて触れてみたいと思います。

仏教には多数の経典や解説書の類が伝えられています。先に述べたとおり、仏教を神秘主義的と見る立場もありますが、仏教には霊界の真実を秘密にするという態度は一般に見られません。右に述べた禅宗の「教外別伝」にしても、教えを伝えたくても、書物や言葉ではそれができないという意味であって、教えを秘密にするというのではありません。

親鸞も「ただ念仏して、弥陀にたすけられまゐらすべしと、よきひと(法然)の仰せをかぶりて、信ずるほかに別の子細なきなり」（『歎異抄』第二条）と述べています。隠していること、秘密にしなくてはならないことなど何もないというのです。

なお、真宗では秘事法門と呼ばれる、教義を秘密にして伝授するという信仰がときどき現れました。これは善鸞が父の親鸞から夜中に秘密の法門を伝えられたといつわったことに遡るとされますが、親鸞はこのことを理由の一つに善鸞を義絶しています。

また、大乗仏教では、複数の師や証人を必要とする上座部仏教の受戒の規定に対して、現前の一師による受戒や師なくして自ら誓いを立てて受戒する自誓受戒があり、集団的に受戒する法会（受戒会）も行われてきたということは、(10)シュタイナーが述べている西洋の従来の秘儀の伝統に対する現代にふさわしい秘儀の在り方に似ており、たいへん興味深いものがあります。

さて、近代科学はキリスト教から発達したということが言われますが、キリスト教は次第に超感覚的世界の認識を失い、それが主流のキリスト教となってきました。近代科学が行き詰まっているとすれば、それは主流のキリスト教が行き詰まっているということであり、キリスト教の秘儀の認識が求められているとすれば、それは仏教の教えが求められているということでもあると考えられます。

シュタイナーは二〇世紀の初めにキリスト教の秘儀を公開しましたが、少なくともその秘儀の一部は仏教ではすでに早くから公開されていたものです。現在、キリスト教の秘儀が求められているとすれば、その意味においても仏教の教えが重要になっているということです。

一方、シュタイナーが秘儀の公開を現代人の思考様式に合わせて行っているのに対して、仏教の場合、その教えは現代の私たちにとって必ずしも解り易いものではありません。

したがって、シュタイナーが現代人にふさわしいやり方で行った行法の説明は、現代の私たちが仏教の行法を理解する上でも大いに役立つはずです。

2　シュタイナーの行法――秘儀参入の諸段階

シュタイナーは秘儀参入の諸段階を次のように区分しています[11]――（1）霊学の研究（まだこの段階では、物質的・感覚的世界で獲得された判断力が用いられる）、（2）霊視（的）認識の獲得、（3）隠された文字の解読（霊聴認識の獲得）、（4）霊的環境に生きる（霊的合一）、（5）小宇宙と大宇宙との関係にかかわる認識の獲得、（6）大宇宙との一体化、（7）魂の基本的気分がそれまでの諸体験のすべてに対応するようになる。

なお、この順番は厳密なものではなく、秘儀参入は修行者の個性に応じて進められるべきあるというのがシュタイナーの認識です。その点を念頭に置きながら、とりあえずこの順番に沿って見ていくことにしましょう。

まずは（1）の「霊学の研究」からです。シュタイナーは『神智学』の「認識の小道」で次のように述べています。

「いかなる人も、本書に述べられている霊学的認識内容を、自分で獲得することができる。この著書の論述の仕方は、高次の世界の思考像を提供するために試みられている。みずから見霊能力を獲得するための第一歩は、このような思考像を把握することにあるのだ。なぜなら、人間は思考存在なのであって、思考から出発するときにのみ、自分の歩む認識の小道を自分で見つけ出すことができるからである。(12)」

誰でもシュタイナーが『神智学』で述べた認識を得る可能性があるというのは、人間はすべて日常の人間のほかに、いまだ目覚めていないとしても、いわば高次の人間を担っているからです。(13)

思考像というのは思考によって把握できるものということです。霊的な高次の世界の認識を獲得できた人が語ることは、思考によって理解することができるのであり、またそれ以外に道はないというのです。

人間が思考存在であるということは、思考が人間存在の本質であり、思考において人間はすでに高次の世界に通じているということです。ですから、私たちがみずから見霊能力を獲得するためには、思考から出発するほか道はないし、思考像を把握することがその第一歩だというのです。

この思考の道を論じているのが、シュタイナーの主著の一つ、『自由の哲学』です。その「一九一八年の新版のためのまえがき」でシュタイナーは次のように述べています。

「本書が試みているのは、霊的経験を持つ以前にも霊界の認識が可能である、と証明することなのである。そしてそのことの正当性を示すのに、その後私が提示した霊的経験を顧慮する必要はまったくない。」（強調は原著者）

「人間の魂は二つの根本問題を抱えている。……問題の一つは、われわれが人間の本性を考察する場合、いくら体験や学問を深めていっても、それだけでは十分に解明できない事柄にどうしても行き着いてしまうが、そういう事柄のすべてにも有効な考察方式が一体存在するのか、ということである。……もう一つは次のような問題である。意志する存在である人間は自分を自由だと見做すことができるのか、それともそのような自由があるように思えるのは、自然の現象だけでなく、人間の意志をも支配している必然の糸を、人間が見落としているからなのか、自由とは単なる幻想なのか。」

人間の本性は解明できるのか（人は自分が何者なのかを知ることができるのか）、人間は真に自由な存在であるのか、という人間のあらゆる認識の根底にある二つの根本問題は、最終的には霊的経験を持つことができなければ解決できない、しかしその霊的経験を持つ前であってもその内容を認識ないし理解することだけはできる、そして理解することができるのは人間の思考というはたらきによるのであり、霊界に関する思考像を把握することが人間の根本問題を解く第一歩をなす、というのです。

「高次の認識能力を獲得しようとするとき、真剣な思考作業を自分に課すことがいかに大切なことか、どれ程強調してもし過ぎることはない。[14]」「魂界と霊界については、どんな知識も人間の魂の根底に存在している、と考えることができなければならないであろう。人はこの一切の知識を、『認識の小道』を通って、取り出してくることができる。[15]」

以上のように、第一の根本問題に対しては、高次の認識能力を獲得すれば解明することができ、その高次の認識はすでに私たちの魂あるいは心の底にあるのであり、シュタイナーが公開した思考を出発点とする認識の小道を行けばそれを取り出してくることができる、というのです。

第二の人間の自由の問題に対しては、「自由とは自分からの行為のこと」であり、「動機を永遠なるものから取り出す人だけに、自分から行為することが許される」とシュタイナーは述べています。[16]

自由とは何か、それは自分から行為することである、というのは改めて言うまでもないことのように見えます。しかし、シュタイナーは、自由な行為の動機は永遠なるものから取り出されなければならない、永遠ではないもの、無常なものを動機とする行為は自由な行為ではない、というのです。

その上、その永遠なるものは通常の私たちの認識を超えているというのです。

「最初はわれわれの感覚を持続的なものに向けることで満足しなければならない。この行を通してこそ霊視による持続的なものの認識は開けてくる。……このような行を続けていくと、やがて圧倒的な変化が自分に生じてくるのが分る。人間はどのような事物についても、この事物と持続するもの、永遠なものとの関係を認識する。そしてこのような関連から、重要な点と重要でない点とを区別することを学ぶ。(17)」

霊視の能力を開発する行については追って改めて取り上げますが、永遠なるものの認識は霊視によらなければならないというのです。つまり、シュタイナーによれば、霊視能力を開発していない一般の私たちは自由とは何かを知らないのであり、まだ次のようなことを語ることはできません。

「内的要求に従って行為するときは、事物の永遠の本質に従って行為しているのだ。なぜなら、事物が私の中でその本質を語るのだから。それ故、自分の中に生きている永遠なるものに従って行為する私は、永遠の世界秩序の意味で行為しているのである。したがって私は、もはや事物に押し流されているだけの存在なのではない。事物そのものに組み込まれた、そして今は私自身の存在法則にもなっている法則に従って、私は事物に働きかけているのだ。(18)」

自分の中の永遠なるものを認識できない一般の私たちは、内的要求に従って行為していると思っても、実は外の事物に押し流されているに過ぎません。事物の永遠の本質を認識するには、事物と自分自身とに共通する存在法則あるいは永遠の世界秩序が認識できなければなりません。そのような認識を可能にするのが霊視であり、その能力はすでに私たちの誰にも与えられている、というのがシュタイナーの理解です。

「人間は、思考する存在である限り、すでに霊界の市民である。しかし本当の意味で霊界の市民になるためには、認識に際して、霊界の法則に従った方向に思考を推し進めることができなければならない。[19]」

すでに見ましたように、人間の本質は思考存在であることにある、というのがシュタイナーの理解ですから、私たちは思考する限り、すでに霊界あるいは永遠なるものに触れているわけです。しかし、本当の意味で霊界の市民となり永遠の世界秩序や存在法則を知るには、いわば思考の行が必要になります。

以上のことを振り返りますと、人間の自由とは思考を第一歩として永遠の世界に足を踏み入れたときに与えられる私たちの一つの理想の状態である、ということができるでしょう。また「自由の哲学」は、自由を得るための哲学という意味になるでしょう。

秘儀参入の第一段階「霊学の研究」についてはとりあえずこの程度にして、実際に霊的認識を獲得する次の段階に目を転じてみたいと思います。

3　霊的認識の獲得――霊的器官の開発

霊界参入の第二段階は「霊視（的）認識の獲得」です。霊視認識と言われてもぴんとこない方が多いと思いますが、それは霊界に参入しないとわからないことですから当然です。それでも、これは仏教の八正道《はっしょうどう》とかかわりのある認識だと聞けば手掛りを感じる方も少なくないでしょう。

八正道というのは原始仏教で重んじられた行法で、「正見《しょうけん》」「正思《し》」「正語《ご》」「正業《ごう》」「正命《みょう》」「正精進《しょうじん》」「正念《ねん》」「正定《じょう》」という八種の実践徳目からなっています。

シュタイナーによれば、この八正道の行法によって開発されるのが喉の辺りにある十六弁のチャクラです。十六弁のうちの八弁はすでに太古の時代に開発されており、修行の目標は残る八弁の開発です。（20）

この十六弁のチャクラの開発によって得られるとされるのが形姿を認識する能力です。思考の種類や自然の法則が十六弁のチャクラを通して形姿として認識されるというのです。

他方、別の六種の徳目からなる行法によって心臓の近くにある十二弁のチャクラを開発すると、魂の暖かさと冷たさとでも表現すべきものに対する認識能力が得られるとされます。

また、ある一つの認識能力と他の認識能力が無関係に開発されるということはなく、例えば、十二弁のチャクラが開発されると自然のいとなみに対する理解も深まるとされます。

シュタイナーは十六弁と十二弁のチャクラのほかに、二弁、十弁、六弁、四弁のチャクラにも触れていますが、これらのチャクラが開発される場所はアストラル体です。人間は物質的身体・エーテル体・アストラル体・自我（個我）から成っているというのがシュタイナーの基本的認識です。

霊界参入の第二段階はこれらのさまざまなチャクラの開発にかかわっており、それによって得られる認識が霊視認識と呼ばれるものです。

チャクラの開発だけでも気の遠くなるような修行が必要なわけですが、霊界の認識を確かなものにするにはさらに高次の器官の開発が求められます。

それが第三の「内なる言葉」を聴く能力を開発する段階で、今度はエーテル体にかかわってきます。内なる言葉が理解できるようになると、一切の事物が新しい意味をもち、事物の本質が語りかけ、修行者は周囲の世界の生命といとなみを共にして、この生命のいとなみを自分のチャクラの活動の中に反響させることができるようになる、とシュタイナーは述べています。

そして、この段階に至ると、人類の偉大な導師の言葉が新たな意味をもつようになり、仏陀の言葉や福音書が新たな仕方で修行者に働きかけるようになるとされます。それは、修行者が自分の中に形成できたエーテル体の動きやリズムとそれらの言葉の響きが同調し、仏陀や福音史家が彼らの啓示というよりも、事物の内奥の本質を語っていることが直接経験できるようになるからだといいます。

例えば、現代人には仏陀の言葉に繰り返しが多い理由を正しく理解することはできないが、この段階に達するとそれが自分の内的感覚を憩わせるものであり、エーテル体の特定のリズミカルな動きに対応しているものであることが分るようになる、とシュタイナーは述べています。そのリズムは宇宙のリズムを反映しており、仏陀の言葉に耳を傾けると人間はそのリズムを通して宇宙の秘密に参入することができる、というのです。

この点に関しては、大拙の「宗教的感情の高潮した時は、自ら律動的な文学的表現をとるものである」という言葉も想起されます。(21)

シュタイナーはまたエーテル器官の開発に関連して、開悟と解脱を区別していますので、この点にも触れておきますと、開悟とは霊眼が開発され、つまりチャクラが開発され、それによって霊視認識が獲得されることであり、解脱とは心臓付近のエーテル器官が成熟すると得られるもので、個人的な立場という拘束から自由になり、霊界の内実から修行者の内部に通路が開かれることとされています。(22)

以上、不充分ながら、霊的器官の開発という側面についてはこの程度にして、次に意識状態の変化という側面に目を転じてみたいと思います。

4　第三の意識状態

「人間は睡眠と覚醒の外に、なおもう一つ第三の魂的な状態を獲得できたとき、高次の諸世界への認識に至る。[23]」

この第三の魂の状態（意識状態）とは夢の状態のことではありません。高次の諸世界の認識とは一般に宗教が目標とする認識のことであり、そのような意識状態に至るための、あるいはそのような認識を獲得するための手段として行われるのが修行（行）です。

第三の意識状態とは「感覚の働きやその働きの記憶が存在しないときにも、魂が何事かを体験することのできる状態[24]」のことですが、このような高次の意識状態は意識の目覚めとして体験され、そのような体験を得ることが「霊界参入（イニシエーション）」です。

「霊界参入の諸手段は……日常意識の状態を霊的観察の活動へ向かわしめる。そのための道具が、あらかじめ魂の中に萌芽のように存在しているので、この萌芽を生長させなければならない。[25]」「超感覚的な状態へ至る意識の高まりは、覚醒時の日常意識からしか始められない。[26]」

私たちには今のこの日常意識から出発することしかできません。日常意識は否定すべきものでも、否定できるものでもありません。そこからすべてが始まる出発点です。その出発点には既に超感覚的な霊界を認識し得るある種の知覚器官が萌芽として植えつけられており、その知覚器官を発達させるために歩むのが修行の道です。

「導きの叡智は、高次の意識状態へ至る萌芽を私の中へ植えておいた。人間は自分の霊の力で開示しうるすべてを開示しなければならない。このことを、義務と感じとるときにのみ、私はこの導きを理解する。[27]」

シュタイナーはここでいわゆる自力と他力の問題に触れています。他力とは、人間は高次の意識状態に至る萌芽を植えつけられ、それを育てることを定められた存在であるということであり、自力とは、その萌芽を自分で育てるということです。ここには他力即自力・自力即他力という関係があります。それはまた絶対他力の世界でもあります。絶対他力の自力、自力即他力の自力はもはや単なる自力ではありません。

「ここに取り上げるべき行は、高次の進歩を遂げようと願う人のために、魂を変化させるための手段を提供する。修行者の本質に疑わしい干渉が加えられるとすれば、それは弟子には意識できないような手段で、師がこの変化を生じさせる場合だけに限られる。しかし、われわれの時代の霊的進歩にとっての正しい指導は、決してそのような手段を使わない。弟子を盲目の道具にしたりはしない。弟子に行動の規範を与え、弟子はそれを実行する。その際、なぜそのような規範が与えられるのかを、必要なとき、師ははっきりと説明する。霊的な進歩を求める人が行法を与えられて、それを実行するときには、盲信的な態度を必要としない。[28]」「修行者は、規則に従って修行する前に、これらの規則の及ぼす働きについて、正確な観念をもつことができる。もちろん修行を通さなければ、この働きを体験することができないが、しかし健全な判断力を失わずに一歩ずつ歩むとき、この体験は常に体験の理解を伴っているはずである。[29]」「現代の真の霊学は、健全な判断力が受け容れることのできる規則だけを、行のために役立たせようとする。[30]」

シュタイナーが人びとに広く提供しようとしたのは意識状態を高次のものに変化させる手段ですが、それと従来の伝統的な手段との根本的な違いは、それが盲目的に行われるか、意識的に行われるかという点にあります。

西洋の秘教の伝統的な方法では、霊界参入を果たすとき弟子は無意識状態ないし盲目状態に置かれたのです。しかし、現代に求められているのはそのような手段ではなく、弟子は行法の意味を理解した上で意識的に行うのでなければならない、というのがシュタイナーの立場です。これは人間の進化に伴う意識の変化というシュタイナーの基本的認識に基づいています。

一方、禅宗の場合は公案を用いる看話禅《かんなぜん》でも只管打坐《しかんたざ》を唱える黙照禅《もくしょうぜん》でも、求められているのは徹底的な自己の意識の覚醒です。自己を本尊としてほかの何ものにも頼らないという意味で「殺仏殺祖《せつぶつせつそ》」という言葉があります。

真宗においても、信心獲得は徹底して個々のことです。親鸞の「一人」の世界のできごとです。才市も長い求道の時を経て信心を獲得しています。それは盲目的に師に従うのではなく、師を求めて遍歴するという態度です。主体はあくまでも弟子にあります。

以上のように、禅宗や真宗の行法は意識の覚醒に至るプロセス（行）を意識的に行うという意味で、シュタイナーが公開した行法と基本的に同じ立場に立つものです。しかし、違う点もあります。すでに述べましたが、シュタイナーの場合は現代という時代特有の要求に応えようとしているのに対して、禅宗や真宗の場合にはそのような時代認識は希薄です。現代の私たちが真宗や禅の行を理解する上でシュタイナーの説明が役立つ理由はこの点にあります。

「霊的修行の目標のために魂が没頭すべき形象は……外なるものを映し出すのではなく、魂に対して覚醒的に働きかけることのできる特性をもたねばならない。そのための最上の形象は、象徴的な形象である。しかし別の形象を用いることもできる。なぜなら、大切なのは、形象が何を意味しているかではなく、当の形象以外の何ものも意識の中に含ませないように全力を尽くすことなのだからである。[31]」「何をイメージするのかが大切なのではなく、イメージする仕方を通して、魂を物質から完全に解放することが大切なのである。[32]」「沈潜の手段には、文章、図形、言葉が用いられるが、いずれの場合にしろ、内的沈潜の手段は、魂が感覚的な知覚から切り離され、身体的な感覚器官による印象が意味を失い、微睡《まどろ》んでいる内的な能力が有効に働くことができるように魂を促す、という目標をもっている。[33]」

シュタイナーは沈潜ないし瞑想の手段として、文章や図形や言葉を挙げていますが、真宗の称名念仏や禅宗の坐禅はそのいずれでもありません。

シュタイナーの瞑想法と念仏や禅との根本的な違いは集中ないし内的沈潜の方法にあるものと思われます。

坐禅においては、心に浮かぶ何らかの形象や印象をすべて排除することに意識を集中します。いわば無念無想を狙います。念仏の場合も、念仏はシュタイナーが述べるような意味で精神を集中すべき文章や言葉ではありません。

確かにシュタイナーの瞑想法と真宗や禅の行法には違いが認められます。しかし、感覚的知覚を離れ内的な能力の発達ないし覚醒を促すという行の目標は共通です。

つまり、感覚的知覚を離れ、超感覚的な霊的知覚能力の覚醒に至る道筋は異なるものの、到達すべき高次の霊的世界は一つであり、そこに至るまでの注意点にも共通するものがあると思われます。

「以上に述べた道は、霊視的認識と呼ばれるものへ通じている。これが最初の高次の認識段階である[34]。」

さまざまな宗教的行によって最初に到達する高次の認識は「霊視的認識」と呼ばれます。さらに「霊聴的認識」や「合一的認識」と呼ばれる認識があります。これらの高次の認識に対して、感覚的知覚に結びついた認識は「対象的認識」と呼ばれています。

この対象的認識に対して、高次の認識は行的認識と呼ぶことができるでしょう。念仏でも禅でも同じくこの行的認識が追求されます。

また、霊視的認識は超感覚的な意識状態において生じる認識であり、そのような高次の意識の世界は「霊視的世界」と呼ばれています。霊視的世界に関する認識が霊視的認識です。

「霊的な修行の過程においては、二つの魂的な体験が重要になる。外なる物質界が与える印象のすべてを無視して、自分の内面を見つめるとき、その内面は、どんな活動も消えてしまっているのではなく、感覚や悟性の与える印象からでは何も知りえない世界の中で、みずからを意識している内面なのである。第一の体験では、そのような内面を見る。この時、魂は、自分の中に新たに魂の核心が生み出されたと感じる。……第二の体験においては、これまでの自分を、自分と並ぶもうひとつの存在であるかのように体験する。……自分には二つの『自我』があるかのように思える。一方の自我は、これまでも知っていた自我であり、もう一方の自我は、新たに生れて、第一の自我の上に立っている。……この体験は大きな意味をもっている。なぜなら、修行によって到達しようと努めるあの世界に生きることが何を意味するのか、人はこの体験を通してはじめて知るようになるのだから。新しく生れた第二の自我は、霊界を知覚するようになる。この自我の中で、感覚的、物質的な世界にとっての感覚器官に相当するもの、つまり霊的な感覚器官が発達する。この器官が必要な程度にまで発達できたとき、人は自分を新しく生れた自我であると感じるだけでなく、ちょうど感覚器官によって物質界を知覚するように、自分の周囲に霊的な事象や霊的な本性を知覚する。そしてこれが第三の重要な体験になる。[35]」

霊的ないし宗教的な修行における第一の体験は、物質界の印象がすべて消えた、「みずからを意識している内面」だけの世界の体験である、というのがシュタイナーの認識です。これは、筆者のささやかな体験からしても、おそらく念仏や禅の修行にも当てはまるものと思われます。

第二の体験は、新たな自我の誕生です。才市が自らを才市と呼ぶとき、同じく親鸞が自らを親鸞と呼ぶとき、この第二の自我を体験しているものと考えられます。

また、シュタイナーのいう第二の自我は、仏教で言われる本来の自己に当たるものと思われます。本来の自己は仏の世界の住人です。仏の世界の体験がシュタイナーのいう第三の体験に当たるものと考えられます。

次のような才市の詩はそのことを示しているのではないでしょうか。

さいちがごくらく（極楽）、どこにある。
こころ（心）にみちて、み（身）にみちて、
なむあみだぶが、わしのごくらく。

さいちやどこにねてをる、をるか。
しやばの浄土にねてをるよ。
をこされて、まいる、みだの浄土に。

しかし、修行には危険も伴います。

「霊的修行のこの段階を確かな足取りで進むためには、通常の魂の生活ではまったく経験したことのないくらいの自己愛、自己感情が、魂の力が強まるに応じて、現れてくることを、十分に意識していなければならない[36]。」

この強烈な自己愛ないし自己感情に襲われることが修行上の危険の一つとされています。自己愛ないし自己感情とは自己中心的な利己的自己意識（いわゆるエゴ）のことです。これは修行によって生じたものではなく、修行以前から意識の中にあったものが、霊的体験を通して強烈に、圧倒的な力をもって現れてくるというのです。

こうした危険を克服するために必要とされるのが意志の行と呼ばれる行です。そのほかにも修めるべきさまざまな行があり、それらと比較すると、念仏や禅についての実践的な理解が深まるものと思われます。

例えば、シュタイナーが述べる瞑想では感情体験が重視されます。これは外的印象によって惹き起こされる感情のことではありません。

それは、「善良な心が現れるのは、魂が他人の利害をいわば呑み込んで、それを自分の利害にすることができたときである」といった道徳に関する理念そのものに喜びを感じ、その喜びの感情に沈潜する体験です。(37)これは、善良な心の現れであっても、自己を失って感情に溺れてしまうようなことのない、感情の自己体験あるいは思考体験という以上に、思考の感情体験を語っているのです。

感情が重視されるという点は、禅より念仏に近いと思われます。大拙は「浄土系思想の中心は固《もと》より霊性的直覚の上に置かれてあるが、この直覚は主として情性を通して現われてくる。この点では禅の知性的なるものと対照すべきであろう」と述べています。(38)

また、シュタイナーは自分の資質にあった行法を探し出すことの重要性を説いています。「人間の本性はさまざまであるから、一人ひとりにふさわしい修行の手段を見出すことが大切である。(39)」

この個性の重視がシュタイナーの立場の大きな特徴です。前述のとおり、シュタイナーが従来の秘儀を公開した背景には、このような認識があります。それは、個性あるいは自己を否定するのではなく、それを基点とする立場です。シュタイナーは「倫理的個体主義」という言葉も使っています。(40)

このいわば自己の立場は真宗にも禅宗にも該当します。才市も自分にふさわしい善知識を約三〇年にもわたり探し求めたのでした。

5　さまざまな行

ここでは、「意志の行」、「六つの行」、そして「八正道」を取り上げてみたいと思います。

〈意志の行〉

これは先に触れた、瞑想の行の過程で現れる強力な自己愛ないし自己感情を克服するために必要とされる行です。

この意志の行が意志するものは道徳です。意志の行とは道徳的な力を高めるための行です。「霊的な修行の進歩は、同時に道徳の進歩がなければ、考えられない。前述した自己感情の克服は、道徳的な力がなければ、不可能である。霊的な修行と道徳的な修行とは同じではない、という議論は、事実に反している。[41]」

ここにもシュタイナーの体験に基づく一元論的立場がよく表れています。一般に、宗教と道徳が区別され、道徳の立場と宗教の立場の矛盾やどちらが上位にあるかといった二元論的議論がしばしばなされます。しかし、シュタイナーの立場はそのような立場とは根本的に異なっています。

意志の行によって意志を強めることができるということは、意志に働きかけることができるということです。これから検討するように、その意志に働きかけることができるものとは、新たに生まれた第二の自我であり、その働きかけは思考を通じて可能になるものと考えられます。

「ここで述べる霊的修行の場合には、思考生活をあらかじめ育成することができるので、以上に述べた誤謬《ごびゅう》の危険に陥ることはありえない。思考の育成は、そのために必要な内的体験のすべてを生じさせる。……この思考の育成がなければ、どんな霊的な諸体験も魂に不確かな印象を呼び起こす。(42)」

「ここで主張されている修行方法では、健全な魂が物質界を知覚するときと同じように、何が体験できるかを、修行者自身がよくわきまえている。修行者は、思考生活を育成することによって、体験内容の観察者になる。一方、そのような思考生活がなければ、体験そのものの中に埋没したままでいなければならない。(43)」

ここで求められている思考には二つの側面があります。その一つは論理的思考です。もう一つは、感覚的知覚とそれに結びついた知性による「対象的認識」にかかわるいわば対象的思考に対して、非対象的思考とも呼ぶべき思考です。これはシュタイナーが『自由の哲学』などで説いた「感覚にとらわれぬ思考」です。それはまた自己意識的思考とも呼びうる、自らを意識している思考です。

「どんな人でもそのつもりになりさえすれば、思考を観察するようになれるのだが、そうできた人にとってはこの観察があらゆる観察の中で最も重要なものになる。なぜなら自分自身が作り出したものを観察するのだし、自分とは無縁な対象にではなく、自分自身の活動に向かい合うのだから。自分の観察している対象がどのようにして生じるのかも分るし、状況や関係も見通すことができる。そしてそれによって、他のすべての現象を解明することができると期待できるほどに確実な地点を獲得できたことになる。……レナートウス・カルテシウス（デカルト）はこのような確実な地点を見出すことができたという確信をこめて、人間の知識のすべてを、『私は思考する。それ故私は存在する』という命題の上に打ち建てようとした。[44]」

自分自身が作り出したものを観察するといっても、自分の観察している対象がどのようにして生じるのかも分るといっても、それは何か物を作る場合とは根本的に異なっています。自分が自分自身の活動に向かい合っているというのは、自分が自分に向かい合っているということです。しかしこれは眼が自らを見ることができないのと同じように一般的には不可能なことです。ところが、唯一の例外があり、それが思考だというのです。それはいわば非対象的思考であり、自己意識的思考です。それがデカルトの発見であったというのです。

非常に重要なことは、思考と意志と感情を支配する自我の能力は行によって獲得されるというシュタイナーの認識です。それはいわば行の立場です。

「高次の諸世界へ至ろうとする人は、修行を通して、以下の諸特性を身につけなければならない。特に必要なのは、魂が思考と意志と感情を支配することである。魂のこの支配能力を行によって獲得する方法は、二つの目標に向けられている。第一に、第二の自我が魂の中に生じたときにも、不動心、信頼感、公平さを失わぬように、これらの特性を魂にしっかりと刻みつけておくこと。第二の目標は、この第二の自我に強さと内なる支えとを附与することである。(45)」

シュタイナーによれば、修行者が瞑想の行を補完するために修行を通して獲得すべき諸特性のうち最も重要なものは思考と意志と感情を支配する能力であり、それは第二の自我の誕生ないし覚醒にかかわっています。つまりそれは、第二の自我が現れたときに不動心や信頼感や公平さを失わないための、また第二の自我を強固なものにするための行です。

しかし、ここには矛盾があります。なぜなら、思考や意志や感情を支配するのは第二の自我にしかできないことなのに、その第二の自我が現れる前に、その準備として思考や意志や感情の支配が求められているからです。

この矛盾を解く鍵は思考の特異性にあると考えられます。人間は思考を通して、一方では意志や感情を支配し、他方では第二の自我に至る存在です。それは思考から出発すべき、いわば思考的存在です。私たちは、非対象的思考によって、思考を観察しながら意志や感情を支配し、第二の自我の誕生に備えますが、非対象的思考の可能性は第二の自我にあります。つまり、第二の自我は誕生する前に、あるいは意識される前に、すでに非対象的思考としてひそかに現れているものと考えられます。

〈六つの行〉

六つの行の第一は、思考内容のコントロールです。[46] これは論理的思考を行うということです。

第二は、行動のコントロールです。これは行為においても同じく論理的一貫性を保つということです。例えば、「どうしたら実現できるのか分からないような事柄を追い求める」ようなことをしないということです。[47]

第三は、持続力の強化です。これは、自分が正しいと考える目標から目を背けてはならない、障害は乗り越えるべく要求するものであって、諦める理由にしてはならない、というものです。

第四は、人間や他の一切の事物に対する忍耐（寛容）の行です。これは、不完全なもの、邪悪なもの、不正なものに対して不必要な批判をせず、自分に近づいてくるもの全てを理解しようとする態度です。

第五は、すべての事柄に対してとらわれのない態度をとることです。これはどんな事柄に対しても信頼をもって向き合い、信頼に基づいて行動する、ということです。信頼するということは肯定するということでもあります。

第六は、どんな苦しみや喜びに際しても平静を保つ平常心の獲得です。

このような六つの行によって開発されるといわれているのが心臓の近くにある十二弁のチャクラです。十二弁のうちの六弁はすでに太古の時代に活性化されているので、行の対象となるのは残る六弁ということになります。

この十二弁のチャクラを通して現れてくる知覚の特徴は、類比的に魂の暖かさと冷たさとして表現できるようなものとされています。


〈八正道〉


八正道は喉の辺りにある十六弁のチャクラを開発するための行とされています。十六弁のうちの八弁はすでに太古の時代に開発されており、行によって開発する必要があるのは残りの八弁ということです。(48)

いまはシュタイナーが説く八正道と仏教で説かれる八正道とを比較検討する準備はありませんので、シュタイナーの説を紹介しながら才市の詩を味わうことにしたいと思います。(49)

八正道は、要約すると、「日常、不注意に行ってきた魂の特定の働きに対して注意深い態度でのぞむ」行ということになります。

まず第一（正見）は、表象（意識内容）を獲得する仕方に関して、自分の表象に対する注意力を喚起する行です。自分が有する概念をすべて統御して、外界の忠実な鏡となるようにしなければならない、というものです。

表象（意識内容）の獲得の仕方に注意して、概念を統御するというのは、先に触れた思考の観察（非対象的思考）に当たると考えられます。

才市には夜中の三時を過ぎてもなお書き続けた九六行にもおよぶ詩があります。そこには自分の思考をどこまでも観察し続けるという態度が見られます。

第二（正思）は、決断に関して、どんな些細なことについても十分に考え抜かれた根拠をもたねばならない、というものです。

これは先の非対象的思考に対して、対象的思考にかかわる行と言うことができると思われます。ただしこの場合は、思考以外の非感覚的対象も含まれます。

第三（正語）は、発言に関して、意味ある内容だけが語られるのでなければならない、というものです。

第四（業）は、外的行為に関して、節度を設け、隣人の行為や周囲の状況と調和するように行動する、というものです。

第五（正命）は、生活全体のあり方に関して、自然と精神の法則に従い、健康管理や習慣に留意して調和のとれた生活を送り、やたらに急いだり怠けたりせず、人生を手段と見なしてそれに応じた態度をとる、というものです。

人生を手段と見なすという点が肝心です。シュタイナーの輪廻観を念頭におくと理解しやすくなると思われます。この人生は高次の使命を達成するための手段であるから、そういうものとして生活全体を調和したものにしなければならない、というのです。

第六（正精進）は自己認識に基づく行動で、自分の能力をわきまえ、また自分の使命を理解し、それを果たすために、できないことは行わず、できることは怠らない、というものです。

真宗では称名念仏が正行ですが、才市は「ねんぶつ称へることもなし」と詠っています。

さいちや、しやわせ、
あんじ、煩ふこともなし、
ねんぶつ称へることもなし。
あなた御慈悲にすくわれて、
御恩うれしや、なむあみだぶつ。
（以下略）

「ねんぶつ称へることもなし」と言いながら「なむあみだぶつ」と言っているのですから、ここには矛盾があります。これは念仏を称える才市の忘我の境地を示しているのでしょうか。あるいは、念仏は悟りを得るための行法ですから、すでに悟りに達した才市はもはや念仏を超越しているのでしょうか。大拙は、同じように「極楽も地獄も云わぬ、南無阿弥陀仏さえも云わぬ」吉兵衛という妙好人のことを述べています。(50)

才市は単なる忘我の境地にいるのでも、単に念仏を超越した悟りの境地にいるのでもないと思われます。

あみだがあみだを称へつつ、
こゑのこゑ、
なむあみだぶつ、なむあみだぶつ。

このように詠う才市は阿弥陀が阿弥陀を称える「なむあみだぶつ」という声を聞いています。聞いていることを意識しています。念仏はもはや才市が称えているのではなく、南無阿弥陀仏という声だけが聞こえます。

このような透徹した意識あるいは自己意識がこの正精進を含め八正道の行全体を貫いています。

また、進化しながら輪廻転生を繰り返すことを踏まえると、正精進の行はより具体的なものになると思われます。

第七（正命）は、人生からできるだけ多く学ぶことに努める、というものです。これも輪廻転生を踏まえたものです。

なお、学ぶということは記憶するということですが、記憶したものを思い出すということは、その都度新しく思い出すということであり、思い出されたものは常に新しいということです。[51]したがって、思い出すという行為には常に新たな発見の可能性があることになります。先に見た六つの行の第五は、すべての事柄に対してとらわれのない態度で臨むというものでしたが、記憶もまたすべての事柄の中に入ります。学んだことも含めて、すべてのことに常に新たに臨むこと、正精進とはそういうことでもあると考えられます。

第八（正定）は、折にふれて自分の内面に目を向け、自己を吟味し、経験的な知識に思考の力を浸透させ、諸々の義務に思いを巡らせ、人生の意義と目的について反省する、というものです。

以上のような八つの行によって十六弁のチャクラが開発されると、思考の種類や自然の法則が生命に満ちた動的形姿として知覚されるようになるとされています。

【注】

（1）シュタイナー『秘儀参入の道』（平河出版社）一四〜五頁、傍点は引用者。

（2）シュタイナー『いかにして超感覚的世界の認識を獲得するか』（ちくま学芸文庫）「第八版のあとがき」、二六三〜四頁。

（3）同前「第五版のまえがき」、一七頁、強調は原著者。

（4）『浄土真宗聖典（注釈版）』（本願寺出版社）による。

（5）これには二つの側面がある。一つは、シュタイナーが子どもの頃から霊界の存在を感覚界と同じように認識できたとしても、その後の行を通じて初めてそのことについての認識を深め、確かなものにすることができたという側面であり、もう一つは、行によって得られる認識は単なる知的認識とは異なる体験的認識であるという側面である。シュタイナーの生い立ちについては拙著『滝沢克己からルドルフ・シュタイナーへ――人生の意味を求めて』（ホメオパシー出版）第一部第二章でも取り上げている。

（6）例えば、中村元監修『新・仏教辞典』（誠信書房）の「修行」の項参照。

（7）断絶の問題については拙著『滝沢克己からルドルフ・シュタイナーへ』（ホメオパシー出版）でも検討した（「はじめに」など）。

（8）例えば、P・ディンツェルバッハー編『神秘主義事典』（教文館）の「人智学」「仏教」「日本神秘主義」の項参照。「日本神秘主義」の項では禅が取り上げられている。また、シュタイナー（一八六一～一九二五）と活動時期の重なるカール・バルト（一八八六～一九六八）はその有名な『ローマ書』（初版一九一九・第二版一九二二）でシュタイナーや人智学にも言及しながら神秘主義批判を展開しているが（『カール・バルト著作集14ローマ書』新教出版社）、「もし必要となら、自己放棄や自己抹殺をすらなしうる」思想として、仏教・神秘主義・敬虔主義を同類とみなしている（同、一二九頁）。

押田は、キリスト教の場合、仏教のように坐禅をするとか、南無妙法蓮華経を唱えるとか、そのようなことはないけれども、清貧の誓願・貞潔の誓願・従順の誓願にみられるように、執着を断ち、ただ神の声のみに従って生きる、そこに修道の道があるのであり、神の現れ方はヨーロッパと日本で同じはずがないけれども、霊的なところに、霊性の世界に行けば、日本人もアメリカ人もヨーロッパ人もない、と語っている（押田成人『遠いまなざし』（地湧社）八五～九一頁）。

行の立場を考える上で、押田成人の「キリストに出会った仏教徒」の立場は大いに示唆的である。

（9）シュタイナー『神秘学概論』（ちくま学芸文庫）三二五頁。

（10）中村元監修『新・仏教辞典』「受戒」の項による。

（11）シュタイナー『神秘学概論』四〇四～五頁。

（12）シュタイナー『神智学』（ちくま学芸文庫）一九一頁。強調は原著者。

（13）シュタイナー『いかにして超感覚的世界の認識を獲得するか』四一頁。同書の中でシュタイナーは同じことを繰り返し述べている。

（14）シュタイナー『神智学』「認識の小道」、一九三〜四頁。
（15）同前、一九三頁。
（16）同前、二一四頁。
（17）同前、二一二頁、強調は原著者。
（18）同前、二一三頁、強調は原著者。
（19）同前、二〇三頁。
（20）シュタイナー『いかにして超感覚的世界の認識を獲得するか』一五二頁の註および一三九頁以下参照。
（21）鈴木大拙『妙好人』（法藏館）一五頁。
（22）シュタイナー『いかにして超感覚的世界の認識を獲得するか』一七六頁。
（23）シュタイナー『神秘学概論』三一一頁。
（24）同前、三一二頁。
（25）同前、三一三頁。
（26）同前、三二〇頁。
（27）同前、三一四頁。
（28）同前、三一六頁、強調は原著者。

(29) 同前、三一六～七頁、強調は原著者。
(30) 同前、三一七頁。
(31) 同前、三二〇頁、強調は原著者。
(32) 同前、三二一頁、強調は原著者。
(33) 同前、三二七頁。
(34) 同前、三二九頁、強調は原著者。
(35) 同前、三三六～七頁、強調は原著者。
(36) 同前、三三七頁。
(37) 同前、三二七～八頁。
(38) 鈴木大拙『日本的霊性』（岩波文庫）一五三～四頁。
(39) シュタイナー『神秘学概論』三二八頁。
(40) シュタイナー『自由の哲学』（ちくま学芸文庫）第二部一二章「道徳的想像力――ダーウィン主義と道徳」参照。
(41) シュタイナー『神秘学概論』三三八頁。
(42) 同前、三四一頁。
(43) 同前、三四一～二頁、強調は原著者。

（44）シュタイナー『自由の哲学』五九頁。傍点は引用者。
（45）シュタイナー『神秘学概論』三四二頁。
（46）シュタイナー『いかにして超感覚的世界の認識を獲得するか』一五三頁以下。
（47）シュタイナー『神秘学概論』三四四頁。
（48）シュタイナー『いかにして超感覚的世界の認識を獲得するか』一四三頁以下参照。
（49）道元とシュタイナーの八正道論の比較は「『只管打坐』考（前・後）」（『大法輪』二〇一四年第1・2号所収）で簡単な試みを行った。
（50）鈴木大拙『宗教経験の事実』（大東出版社）三五頁。
（51）シュタイナー『神智学』七五頁以下参照。

あとがき

シュタイナーと聞くとオカルトという言葉を思い出し、最初から拒絶反応を起こしてしまう方がおられるかもしれません。

それは無理もありません。シュタイナー自身、自らの立場をオカルトという言葉を使って説明していますし（例えば、「オカルト的立場」に立って『オカルト生理学』（ちくま学芸文庫）を講義しています）、最近の本にも次のように書かれています――オウム真理教の教義は人間の存在を霊性の進化と退化という二元論によって捉えようとするもので、それを「霊性進化論」と称するなら、それはダーウィンの『種の起源』が発表されて以降の欧米社会に誕生したものであり、その源流をたどればブラヴァツキーが創始した神智学という宗教思想運動に至るが、ブラヴァツキー以後神智学を継承した主要人物の一人がシュタイナーである（大田俊寛『現代オカルトの根源――霊性進化論の光と闇』（ちくま新書）一四～二二・六三頁）。

さらに、シュタイナー教育は日本でもかなり有名ですが、その関係者の間にも、シュタイナーのオカルト的側面を積極的に打ち出すのは得策ではないという意識があったようです（小杉英了『シュタイナー入門』（ちくま新書）五四～七頁）。

オカルトという言葉は一般に意味がかなり曖昧です。しかも、あるいはそれ故、とかく善くないイメージを伴いがちです。ですから、オカルト的なことを避けようとする心理が働くのは、ある意味で当然のことです。

しかし、それではシュタイナーというせっかくの財産を無駄にしてしまうことにもなりかねません。本文でも触れていますが、先にこの「あとがき」をご覧になっている方のために、シュタイナーの立場を若干説明させていただきたいと思います。

シュタイナーの「オカルト生理学」は「生命の教え」を「霊眼に映じるがままに考察」する試みです（『オカルト生理学』「第一講」）。霊的な世界を語ることをもってオカルト的というのであればシュタイナーの立場はまさしくオカルト的です。しかし、それは鈴木大拙の霊性の立場はもちろんのこと、仏教に限らず広く宗教一般に当てはまることであり、さらには宗教の本質とさえいえることでしょう。西田幾多郎も最後の完成論文「場所的論理と宗教的世界観」で「霊性とは無分別の分別である」と述べ、カトリック（ドミニコ修道会）の司祭で、坐禅にも通じ、本書で取り上げた妙好人・浅原才市にも関心を寄せ、宗教の違いを超えて世界各地の宗教家と深い交流をもった押田成人も霊の世界や霊道を語りました（押田成人『遠いまなざし』（地湧社）など参照）。

ヘレン・ケラーもまた霊的な世界に生きた人でした。彼女の恩人にジョン・ヒッツという人物がいます。ヘレン・ケラーが二〇代後半だったある日、彼女に会いに来たヒッツは彼女の手を取ったまま心臓発作に襲われ亡くなってしまいます。八〇歳になっても青年の心を失わない人だったとヘレン・ケラーは述べています。

そのヒッツからヘレン・ケラーが教わったもの、それは『天界と地獄』などで知られたスウェーデンボルグの世界観です。ヘレン・ケラーが四七歳のとき出版した『私の宗教』には次のようにあります。「もし私が、彼は本当に死んでしまったのだと考えていたとしたら、あんなに親しく優しかった友を亡くしたことに私は耐えられなかったでしょう。けれども、彼の気高い哲学と来世が存在するという信念が、私の夢想などおよびもつかないような幸せで美しいあの世で、ふたたび彼に会えるはずだというゆるぎない信仰を支えてくれました。」（以上、ヘレン・ケラー『私の宗教』（未來社）二二五～七頁）

スウェーデンボルグ（一六八八～一七七二）は当時の傑出した科学者でありながら、五〇歳を過ぎたころからの神秘体験を契機に霊界の探訪者・神秘主義神学者へと転身した人物で、その日本への紹介者として知られるのが鈴木大拙です。内村鑑三や賀川豊彦も影響を受けたとみられています（以上、高橋和夫『スウェーデンボルグの思想』（講談社現代新書）「まえがき」「第二章　霊へのめざめ」）

さて、シュタイナーに関して誤解していただきたくないことの一つは、その精神科学（霊学）の立場は当時のオカルト思想ないしオカルト結社と対立するものであったということです。オカルト結社は東洋にも西洋にも存在し、「先祖返り」的な古来の秘密教義に基づく霊的知識を有しているが、西洋のそれは「濁り」を含んでいる、というのがシュタイナーの認識でした。先祖返りとはそれが既に時代遅れのものであることを、濁りとはそのような知識を利己的な目的に用いようとする意図があることをそれぞれ意味しています。

古来の秘密教義に基づくオカルト結社が時代遅れであるというのは、現代にはその時代精神にふさわしい方法で霊的知識を得ることが求められているということであり、そのような時代の要請に応えようとする試みがシュタイナーの唱えた精神科学であったわけです。しかし当然のことながら、自分たちの利得の邪魔になるとしてそのような知識が広まることを快く思わない濁ったオカルト結社によって、シュタイナーの試みは妨害を受けたのです（以上、西川隆範編訳『職業のカルマと未来』（風濤社）一八四〜五頁）。

冒頭に触れたブラヴァツキーとの関連については、シュタイナーは一時ブラヴァツキー（一八三一〜一八九一）とオルコット（一八三二〜一九〇七）が設立した神智学協会に所属していましたが、ブラヴァツキーもまたそのような妨害に遭っていたというのがシュタイナーの認識です。例えば、ブラヴァツキーをフランスのフリーメーソン・大東社に入れることでその活動を制御しようとする試みがあったが、それに失敗したため、彼女は排斥されインドのオカルト結社に引き渡されたというのです（同、一九〇〜二頁）。

シュタイナー自身についても、インドの少年クリシュナムルティ（一八九五〜一九八六）を救世主に仕立て上げようとする動きが起こったとき、ヨハネの生まれ変わりとされることでうまく手なずけられ、始末される可能性があったと述べています（同、一九七頁）。しかし、シュタイナーはそのような企てを拒否し、神智学協会から決別して自らの人智学運動を創始したわけです。それは本当の精神世界の源泉に至る路を開こうとする運動であり（同前、一九三頁）、人間に健全な悟性と生命エネルギーをもたらそうとする試みでした（同、一九一頁）。

シュタイナーはナチスからも、「シュタイナーはユダ人である」といったデマを流されるなど、卑劣な攻撃を受けました（小杉、一八四～五・二〇四～五頁）。

シュタイナーに対する各方面からの攻撃の最たるもの、それは第一次世界大戦という困難な時期を挟んで七年をかけ、シュタイナーの陣頭指揮のもと世界一七ヵ国から参集した多くの人々によってようやくスイスのドルナッハに建設された活動拠点、ゲーテアヌム（ゲーテ館）の放火による焼失です。それは完成から二年後の大晦日の出来事でした。

それから一年後の十二月、瓦礫の山と化したドルナッハの丘でシュタイナーは「クリスマス会議」を開き、ヨーロッパ各地から集まった約八〇〇名の人々に次のように語っています。「これから作っていく運動を、徹底して内面的な作業として行ってください。すべては一人ひとりの心の内でなされるのでなければなりません。」（小杉、二一四～五頁）

冒頭で触れたオウム真理教の目標がユートピア国家の樹立であるなら（大田、一四頁）、それが「徹底して内面的な作業」を求めたシュタイナーの立場と異なるものであることは明らかです。この点については本書のなかでもたびたび触れています。

他方、神智学協会と大拙および日本の仏教界との間には浅からぬ因縁があります。神智学協会はブラヴァツキーの死を契機に南インドのアディヤールに本部を置くアディヤール派とアメリカのサンディエゴに本部を置くポイントローマ派に分裂し、日本でもそれぞれの支部が開設されましたが、大拙夫妻はそのうちのアディヤール派の活動に当初から関わっています（吉永進一「大拙とスウェーデンボルグ　その歴史的背景」京都宗教哲学界編『宗教哲学研究』第二二号（二〇〇五）所収）。また、オルコットは明治二二年（一八八九）に英学者・平井金三《きんざ》の招聘を受けて来日を果たしますが、この時には京都の仏教系の教育関係者を中心に各仏教宗派がこぞって神智学を支援したということです（吉永進一・野崎晃市「平井金三と日本のユニテリアニズム」『舞鶴工業高等専門学校紀要　第四〇号（二〇〇五）』所収、吉永進一「神智学と日本の霊的思想（2）」『同紀要　第三七号（二〇〇二）』所収）。

先入観を持たずにシュタイナーに対していただければ幸いです。

＊＊＊

本書は大法輪閣の黒神直也氏が草稿を見出して下さらなければ実現しませんでした。二〇一一年五月に書き上げ、いくつかの出版社に打診したものの、結局そのままになっていたものです。

元々は『「歎異抄」が問いかけるもの――シュタイナーの視点から』（イザラ書房、二〇一一年三月）

で残った問題があり、妙好人を手がかりとしてそれに取り組むつもりでした。しかし、その間に東日本大震災が起き、妙好人というテーマを超えて人生観あるいは死生観を改めて根本から問い直さざるを得なくなりました。草稿を読み返してみると、個々の議論の掘り下げ方にも、全体のまとまりという点でも、不満というより不安を感じましたが、人生の試練と希望あるいは運命の打撃と救いといったことが一貫したテーマになっていることは確認できました。黒神氏が目を留めてくださったのもそれが一つの理由かと思います。

本書の役割とすればそのような点が一つ、もう一つは妙好人やシュタイナーへの関心を深めていただくきっかけになること、そう考え若干手を加えて出版させていただくことにしました。率直なご批判やご叱正を賜ることができれば幸いです。

実は、本書の草稿を持ち込ませていただいたことが機縁となり、その後『大法輪』誌に拙文を何度も掲載していただきました。そのことも含めて、黒神氏始め大法輪閣の皆様にこの場を借りて心から感謝の意を表する次第です。

二〇一四年九月二三日

筆者

【引用文献一覧】

井本農一『良寛（上）』（講談社学術文庫）
瓜生津隆真・細川行信編『真宗小事典』（法藏館）
大田俊寛『現代オカルトの根源――霊性進化論の光と闇』（ちくま新書）
押田成人『遠いまなざし』（地湧社）
覚如『改邪鈔』『浄土真宗聖典（註釈版）』（本願寺出版社）所収
河西善治『京都学派の誕生とシュタイナー――「純粋経験」から大東亜戦争へ』（論創社）
粕谷甲一「一日本人神父の五十年史の一断面」NPO法人芝の会編集発行『花の香りにうながされて』所収
菊藤明道「妙好人の死生観と願い――その言行から苦悩を超える道を学ぶ」林智康・井上善幸・北岑大至編『東アジア思想における死生観と超越』（方丈堂出版）所収
菊藤明道「世界に広がる妙好人――妙好人の信心と言行に学ぶ」同右所収
教学伝道研究センター編纂『浄土真宗聖典（註釈版第二版）』（本願寺出版社）
小杉英了『シュタイナー入門』（ちくま新書）
小林孝吉『銀河の光　修羅の闇――西川徹郎の俳句宇宙』（西川徹郎文學館新書）
子安美知子『エンデと語る――作品・半生・世界観』（朝日選書）
重松宗育『モモも禅を語る』（筑摩書房）
寿岳文章編『柳宗悦　妙好人論集』（岩波文庫）
浄土真宗教学研究所編纂『浄土真宗聖典　歎異抄（現代語版）』（本願寺出版社）
神英雄「石見の妙好人」林智康・井上善幸・北岑大至編『東アジア思想における死生観と超越』（方丈堂出版）所収
親鸞『親鸞聖人御消息』（乗信房宛）『浄土真宗聖典（註釈版）』所収

鈴木大拙『妙好人』（法蔵館）
鈴木大拙『日本的霊性』（岩波文庫）
鈴木大拙『神秘主義——キリスト教と仏教』（坂東性純・清水守拙訳、岩波書店）
鈴木大拙編著『妙好人浅原才市集』（春秋社）
鈴木大拙「極楽と娑婆」『鈴木大拙全集第六巻』（岩波書店）所収
鈴木大拙『宗教経験の事実』（大東出版社）
高橋　巖『若きシュタイナーとその時代』（平河出版社）
高橋和夫『スウェーデンボルグの思想——科学から神秘世界へ』（講談社現代新書）
塚田幸三「『歎異抄』が問いかけるもの——シュタイナーの視点から」（イザラ書房）
塚田幸三『滝沢克己からルドルフ・シュタイナーへ——人生の意味を求めて』（ホメオパシー出版）
塚田幸三『道元とシュタイナー』（水声社）
塚田幸三「『只管打坐』考（前・後）」『大法輪』（大法輪閣）二〇一四年第1・2号所収
津本陽『弥陀の橋は——親鸞聖人伝（下）』（文春文庫）
中野孝次『風の良寛』（文春文庫）
中村元監修『新・仏教辞典』（誠信書房）
西田幾多郎「場所的論理と宗教的世界観」上田閑照編『西田幾多郎哲学論集Ⅲ』（岩波文庫）所収
西平直『シュタイナー入門』（講談社現代新書）
増谷文雄『現代語訳　正法眼蔵』（角川書店）
水上勉『良寛』（中公文庫）
吉永進一「大拙とスウェーデンボルグ　その歴史的背景」京都宗教哲学会編『宗教哲学研究』第二二号（二〇〇五）所収
吉永進一「神智学と日本の霊的思想（2）」『舞鶴工業高等専門学校紀要　第三七号（二〇〇二）』所収

吉永進一・野崎晃市「平井金三と日本のユニテリアニズム」『舞鶴工業高等専門学校紀要　第四〇号（二〇〇五）』所収
吉野秀雄『良寛和尚の人と歌』（彌生書房）
吉本隆明『最後の親鸞』（春秋社）
カール・バルト『カール・バルト著作集14ローマ書』（吉村善夫訳、新教出版社）
グードルン・ブルクハルト『バイオグラフィー・ワーク入門』（樋原裕子訳、水声社）
ドストエフスキー『カラマアゾフの兄弟』（原久一郎訳、新潮文庫）
ヘレナ・P・ブラヴァツキー『シークレット・ドクトリンを読む』（東條真人編訳、出帆新社）
ヘレン・ケラー『私の宗教』（高橋和夫・鳥田恵訳、未來社）
P・ディンツェルバッハー編『神秘主義事典』（植田兼義訳、教文館）
ルドルフ・シュタイナー『いかにして超感覚的世界の認識を獲得するか』（高橋巖訳、ちくま学芸文庫）
ルドルフ・シュタイナー『人智学・心智学・霊智学』（高橋巖訳、ちくま学芸文庫）
ルドルフ・シュタイナー『シュタイナー自伝（上）』（西川隆範訳、アルテ）
ルドルフ・シュタイナー『イエスからキリストへ』（西川隆範訳、アルテ）
ルドルフ・シュタイナー『哲学の謎』（山田明紀訳、水声社）
ルドルフ・シュタイナー『シュタイナー　黙示録的な現代――信仰・愛・希望』（西川隆範編訳、風濤社）
ルドルフ・シュタイナー『秘儀参入の道』（西川隆範訳、平河出版社）
ルドルフ・シュタイナー『神秘学概論』（高橋巖訳、ちくま学芸文庫）
ルドルフ・シュタイナー『天国と地獄』（西川隆範編訳、風濤社）
ルドルフ・シュタイナー『シュタイナーのカルマ論――カルマの開示』（高橋巖訳、春秋社）
ルドルフ・シュタイナー『第五福音書』（西川隆範訳、イザラ書房）
ルドルフ・シュタイナー『神智学』（高橋巖訳、ちくま学芸文庫）
ルドルフ・シュタイナー『シュタイナー　世直し問答』（西川隆範編訳、風濤社）

ルドルフ・シュタイナー『シュタイナー経済学講座――国民経済から世界経済へ』（西川隆範訳、筑摩書房）
ルドルフ・シュタイナー『社会の未来』（高橋巖訳、イザラ書房）
ルドルフ・シュタイナー『シュタイナー　社会問題の核心』（高橋巖訳、春秋社）
ルドルフ・シュタイナー『自由の哲学』（高橋巖訳、ちくま学芸文庫）
ルドルフ・シュタイナー『オカルト生理学』（高橋巖訳、ちくま学芸文庫）
ルドルフ・シュタイナー『職業のカルマと未来』（西川隆範編訳、風濤社）

塚田幸三（つかだこうぞう）
1952年生まれ、翻訳家、大阪府立大学農学部卒・英国エジンバラ大学獣医学部修士課程修了。
著書に、『道元とシュタイナー』（水声社）、『「歎異抄」が問いかけるもの――シュタイナーの視点から』（イザラ書房）、『シュタイナーから読む池田晶子』（群青社）、『いのちの声を聞く』（共著）、『滝沢克己からルドルフ・シュタイナーへ――人生の意味を求めて』（以上、ホメオパシー出版）など。
シュタイナー関連の訳書に、J.ソーパー『シュタイナーの「農業講座」を読む』、J.ソーパー『バイオダイナミックガーデニング――もうひとつの有機農法の実践』、W.スヒルトイス『バイオダイナミック農法入門――シュタイナー思想の実践』、K.ケーニッヒ『動物の本質――ルドルフ・シュタイナーの動物進化論』（以上、ホメオパシー出版）、M.グレックラー『医療と教育を結ぶシュタイナー教育』（共訳）、M.エバンズ&I.ロッジャー『シュタイナー医学入門』（以上、群青社）など。

妙好人《みょうこうにん》とシュタイナー

平成26年 11月10日 初版第1刷発行 ©

著　者　塚　田　幸　三
発行人　石　原　大　道
印刷・製本　富士リプロ株式会社
発行所　有限会社　大　法　輪　閣
〒150-0011 東京都渋谷区東2-5-36　大泉ビル2F
TEL　(03) 5466-1401(代表)
振替　00130-8-19番
http://www.daihorin-kaku.com

ISBN978-4-8046-1367-3　C0015　Printed in Japan